KB155754

명강사
강의기획

컨·셉·부·터·교·안·까·지

명강사 강의기획

도영태 지음

in 더난출판

프롤로그

강의 기획으로 스피치에 날개를 달자!

　전문강사로 발걸음을 옮긴 지 올해로 15년째 접어들고 있다. 그동안 강의 수익만으로 생활을 유지하고 문화 혜택도 잘 누려왔으며 지금도 바쁜 강사 대열에서 이탈하지 않고 있으니 난 비교적 성공한 강사라고 할 수 있다. 그 성공의 비결은 내가 선천적으로 타고난 개인기로 강의를 잘해서가 아니라 '기획력'이 뒷받침해주었기 때문이다. 내 강의에 대해 '재미있다', '신선하다'는 평가를 자주 듣는다. 대부분 내가 직접 고안하고 만든 콘텐츠의 힘 덕분이다. 그래서 간혹 컨디션이 좋지 않아 목소리가 잠기고, 심지어 강사들의 최대 불청객인 성대결절이 왔을 때도 그럭저럭 강의를 할 수 있었다.

　강사를 하면서 그동안 수많은 강사들과 마주쳤다. 청산유수 달변을 자랑하는 강사들이 너무나도 많다. 그러나 입심만 가진 강사들이 시간이 흐르면서 힘이 빠지고 생명력이 다하는 모습을 보면서 역시나 기획이 되지 않은 강의는 강사로서 지속 가능성을 보장할 수 없다는 결론에 도달했다.

더구나 요즘 강사계도 이른바 '무한경쟁' 시대가 도래했다. 우선 강사들이 많이 배출되어 급격하게 늘어났다. 교육 수요는 한정되어 있는데 공급이 넘치는 상황에서 명강사만이 살아남는 '빈익빈 부익부' 현상까지 나오고 있다. 누구나 명강사가 되고 싶어 하고 명강의를 하고 싶어 한다. 하지만 현실적으로 선택지는 갈수록 좁아지고 있다. 단도직입적으로 말하자면 앞으로 강의를 하거나 강사의 직업을 수행하려면 정말 잘해야 살아남는다. 말을 잘해야 하는 것이 아니라 '남들이 하지 않는 나만의 콘텐츠'로 제대로 강의해야 한다. 그래서 강의 기획력이 필요한 것이다.

나는 처음 강의를 하려고 하는데 어떻게 해야 하는지 방법을 모르거나, 이미 강의를 하지만 더 잘하고 싶거나, 이미 명강사의 반열에 오른 강사가 명강의를 유지할 수 있도록 하는 데 도움을 주고자 이 책을 썼다. 비단 강사뿐 아니라 강의를 하는 교사, 교수에게도 유용할 것이다. 이제 기획을 잘해야 강의를 잘하고 명강사가 될 수 있다는 것은 불변의 논리이자 트렌드이다. 자신이 강사로서 무엇을 어떻게 해야 할지의 시작점도 따지고 보면 '강의 기획'에 있다. 제아무리

입담이 좋은 강사라도 더욱 발전하기 위해서는 기획으로 스피치에 날개를 달아야 한다.

이 책은 강의 전반적인 영역에서 기획 부문을 총망라하여 이를 체계화하고 가장 효과적인 방법론을 제시하였다. 어떤 강의를 할 것인지에 대한 방향 설정에서부터 인상적인 강의 제목을 정하고, 가장 최신의 방법으로 자료를 수집하고 분석하며, 스토리와 흐름이 있는 논리를 만들고, 짜임새 있게 내용을 구조화하여 이를 멋지게 파워포인트 슬라이드에 옮겨놓는 것까지, 한마디로 '원스톱 기획'을 책임지고 있다.

사실 강의 기법 중 스피치를 다룬 책은 넘쳐나지만 기획에 초점을 둔 책은 아마 이 책이 유일무이할 것이다. 나는 이 책을 통해 15년간의 경험에서 얻은 강의 기획 노하우를 고스란히 공개했다. 그동안 강의 현장에서 얻은 크고 작은 성공과 실패의 에피소드를 통해 효율적으로 개선하고 발전시킬 수 있는 솔루션까지 담아냈다. 바쁜 일정에 책을 쓰기까지 수년이 걸린 만큼 정성이 듬뿍 깃들어 있다. 이 책은 강의를 하는 모든 사람들에게 적어도 기획 부문에서만큼은 코치, 멘토, 상담자, 조력자, 도우미 등의 역할을 충분히 해줄 것이다.

책이 나오기까지 함께 고생한 분들에게 감사하는 마음을 전하고 싶다. 가장 먼저 그 분이 안 계셨으면 세상의 빛이 없을 정도로 소중한 나의 어머니에게 책을 바친다. 또한 언제나 내가 하는 일을 소리 없이 응원해준 가족들이 있어 행복하다.

출판기획을 흔쾌히 허락하고 출간을 위해 함께 달려온 더난출판 직원들에게도 심심한 감사의 말씀을 전한다. 아울러 같은 배를 타고 기나긴 강의 여정을 함께하는 공감백배의 모든 강사들과 함께 출간의 기쁨을 누리고 싶다.

도영태

차 례

1장
강의를 망치는
7가지 이유

말은 청산유수,
내용은 오리무중

그는 텔레비전 프로그램에도 종종 등장하는 유명강사다. 말도 잘하고 특유의 유머감각과 재치로 청중의 관심을 이끌어내는 기술이 뛰어나다. 그런 그가 한번은 지역단체가 주최하는 큰 행사의 특별 강의에 초빙되었다. 그의 명성을 듣고 몰려든 청중이 500명 이상을 거뜬히 수용하는 대강당을 가득 채웠다.

드디어 강의가 시작되었다. 역시나 유창한 언변이 프로답다. 그런데 조금 이상하다. 분명 두 시간 동안이나 재미있게 들었는데, 강의가 끝나고 나니 뭔가 허전하다. '내가 뭘 들었지?' 하는 생각이 드는 것이다. 게다가 특강 내내 그가 보여준 파워포인트 슬라이드는 고작

3장에 불과했다. 그마저도 '저런 파워포인트를 왜 만들었을까?' 싶을 정도로 허술해 보였다.

인기에 영합한 자기 자랑, 주변 이야기, 한 번 웃고 넘길 뿐 그다지 도움 안 되는 강의 내용, 빈약한 교안이 '소문난 잔치, 먹을 것 하나 없다'는 말을 실감케 했다.

기획 없는 강의

말 잘하는 강사가 인정받는 시대도 있었지만 지금은 그것만으로는 안 된다. 이제는 강사가 이야기하는 콘텐츠의 질에 따라 평가가 달라진다. 유명강사들은 자신의 달변 능력만을 믿다가 알맹이 없는 강의를 할 수 있다는 사실을 경계해야 한다.

오늘날 청중은 오감으로 느끼는 입체적 강의를 원한다. 귀로는 강사의 이야기를 듣고 눈으로는 강사가 보여주는 파워포인트를 보면서 강사의 태도와 강연 분위기를 통해 강의 전반을 스스로 체험하려 한다. 입체적 강의를 시도할 때 가장 중요한 것이 바로 '강의 기획력'이다. 내용 기획은 그중 핵심요소다. 강의 내용을 잘 기획하지 않고서는 결코 명강사의 대열에 합류할 수 없다.

유명강사들이 말을 잘하고도 좋은 평가를 받지 못하는 것은 다음의 3가지 이유 때문이다.

① 청중 대부분이 이미 잘 아는 내용을 맛깔스럽게 포장만 한다.
② 지극히 평범한 내용을 자신의 개인기로만 승부하려 든다.
③ 자신만의 콘텐츠 없이 여기저기서 모은 내용을 적당히 편집해 전달한다.

가령 어느 전문강사가 건강을 주제로 강의한다고 해보자. 경험이 많으니 그럴싸하게 말은 잘한다. 그러나 자신이 건강 전문가임을 자랑하는 데에만 많은 시간을 쏟고, 자신이 연구한 건강법 대신 인터넷 몇 번 클릭해보면 다 나오는 뻔한 건강 지식을 전한다면 평가가 어떻겠는가? 분명 청중은 '그게 뭐 어쨌다고' 하면서 불만을 갖게 될 것이다.

청중은 그 강사가 어떻게 유명해졌고, 기초적인 건강 지식은 무엇이며, 사람들이 왜 건강관리를 못하는지에 대해서는 관심이 없다. 그저 그 강사만이 알려줄 수 있는 특별한 방법이 무엇인지, 그리고 그 방법을 통해 자신이 어떻게 건강을 챙길 수 있는지에 대해서만 관심을 가질 뿐이다. 청중이 듣고자 하는 내용을 기획 단계에서 정확하게 파악해야 강의가 성공할 수 있다. 내용이 우선 잘 정돈되고 거기에 언변이 결합되어야 좋은 강의를 할 수 있다. 1순위가 내용 기획이고, 2순위가 전달(발표)이다.

언어의 딜레마

말 잘하는 강사들은 확실히 말을 많이 하는 편이다. 하지만 오늘날의 스마트 시대에는 그것이 오히려 독이 될 수 있다. 요즘 청중은 강사로부터 많은 이야기를 듣는 것을 오히려 꺼린다. 회식자리에서 시종일관 일장훈시하는 상사를 별로 좋아하지 않는 것처럼 말이다. 대화할 때도 마찬가지다. 아무리 논리 정연한 말이라도 다른 사람에게 말할 기회를 주지 않고 자기 혼자만 길게 이야기하는 것은 참으로 실례가 되는 행동이다.

말을 적게 하면서도 얼마든지 강의를 잘할 수 있다. 말을 뒷받침하는 유익한 내용을 시각적으로 보여주거나, 짧은 특강일지라도 학습자들이 함께 참여할 수 있는 간단한 실습을 해보면 청중이 더 좋아한다. 앞으로 강의는 말을 통해서만 전달하려는 단방향 설계가 아닌 잘 작성한 자료를 '보여주고' 필요한 것을 '말하는' 양방향 접근방식이 활성화될 수밖에 없다. 강사 주도적인 강의 방식은 이제 효과적이지 않다. 강사들은 자신만의 전달방식을 통해 모든 강의 상황을 관리하려는 편견에서 빨리 벗어나야 한다.

'이 정도는 설명해야 이해할 수 있겠지.'
'이렇게 자세히 이야기하면 잘 알아듣겠지.'

이 모든 것은 강사들의 착각이다. 자신이 생각하는 것 이상으로 말을 줄이고, 내용은 한 움큼 더 덜어내는 것이 효과적이다. 강의에도 이른바 강력한 구조조정이 필요해졌다. 말수를 줄이고 콘텐츠를 질적으로 압축하고 보강하는 고강도 조치를 해야 한다. 구조조정의 열쇠는 강의 기획에 달려 있다. 철저하게 기획해 준비해야만 '청산유수(靑山流水)' 같은 말재간에 내용의 날개까지 달 수 있다.

말 잘하는 개인기만 있을 뿐 이렇다 할 콘텐츠가 없는 것은 말 그대로 짙은 안개가 5리나 끼어 있는 강의세계에 갇힌 것과 같다. 그러한 강의는 포장만 번지르르할 뿐 강의의 방향을 잃고 갈피를 못 잡는 '오리무중(五里霧中)' 강의가 되고 만다. 과거 말주변 하나로만 강의를 하던 강사들이 지금은 자취를 감춘 현실이 이를 잘 뒷받침하고도 남는다.

시나리오 삼위일체의
함정

삼위일체(三位一體)! 세 가지가 하나의 목적을 위하여 통합된다는 참 좋은 말이다. 하지만 강의에서 '시나리오 삼위일체'가 이루어진다면 이야기는 달라진다.

대단한 강사를 보았다. ① 청중에게 나누어 준 교안과 ② 화면에 띄운 시나리오 형태의 자료와 ③ 말하는 내용, 이 세 가지가 똑같은 것이다. 자신이 작성한 서술식 시나리오를 그대로 외워 말하는 것도 문제인데, 한술 더 떠서 그대로 나눠주고 보여준 것을 또 그대로 읽는다. 어떻게 이럴 수가 있단 말인가?

시나리오식 기획은 최악의 시나리오

강사들은 왜 구구절절 서술식 시나리오 교안을 만드는 걸까? 일단 시나리오를 써서 달달 외우면 강의의 부담이 줄어들기 때문이다. 익숙해지기만 하면 시나리오식 강의가 편하기는 하다. 준비를 많이 하지 않고도 기계처럼 술술 말이 나오기 때문이다. 그러나 이렇게 달달 외워서 하는 강의에는 세 가지 허점이 있다.

① 외워서 하는 티가 난다. 즉 부자연스러운 느낌을 줄 수 있다.

② 시나리오에 대한 의존감만 키워 임기응변적인 순발력이 떨어진다.

③ 중간에 막히기라도 하면 오히려 어쩔 줄 모르는 상황이 발생할 수 있다.

다음 예제를 보자. 건강 관련 강의자료다.

참으로 친절한 슬라이드다. 이런 자료는 청중에게 처음부터 끝까지 호흡을 가다듬어가며 한번 읽어달라는 신호를 보낸다. 그렇다면 강사가 무슨 부연설명을 할 수 있을까? 그냥 읽어보라고 하면 될 일이다. 강사는 자신이 말하는 내용을 알기 쉽게 잘 정리해 교안에 담아내야 한다. 서술식이 아닌 요약식으로, 아우트라인이나 키워드로 작성해 설명을 도와야 한다. 그래도 서술식으로 쓰고 싶다면 가급적 1, 2줄 이내로 짧게 써야 한다.

껍질째 먹는 식습관을 길러라

사과껍질의 항암작용에 대한 미국 코넬대학 연구팀의 연구결과에 의하면 사과껍질에 있는 트리테르페노이드라는 성분이 암세포의 증식을 억제하는 것으로 밝혀졌다. 음식 자체를 하나의 에너지의 결정체로 보고, 그 자체가 가진 에너지 전체를 먹으라는 건강 식사법의 암시이다.

서술식 시나리오를 줄여 단순화했더니 전달하려는 내용이 더욱 선명해진 느낌이다. 서술식에 욕심내지 마라. 시나리오에 집착하지 마라. 강사들은 이 말을 꼭 숙지해야 한다. 서술식은 연설문에서나 어

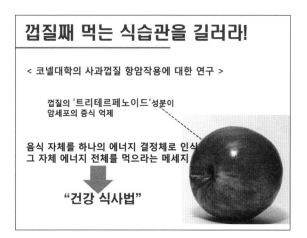

울리며 시나리오는 영화대본에나 적합하다.

자료의 의존성에서 벗어나라

약은 꼭 필요할 때 쓰면 요긴하지만 일상적으로 약을 찾고 복용하는 사람은 결국 약에 대한 의존성만 키워 면역력이 떨어진다. 강의 교안은 약과 같은 존재다. 지나치게 의존하면 강의의 면역력을 저하시킨다. 강의 교안은 강의 전 영역에서 결코 주인공은 될 수 없다. 기껏해야 조연일 뿐이다. 드라마나 영화에서 조연배우에게 의존하는 경우는 없다. 강의의 주인공은 바로 강사 자신이다.

강사는 강의에서 자신의 존재감을 선명하게 드러내야 한다. 자신이 주연인 줄 모르고 스스로 조연을 자청해 행동하는 강사들은 반성하자. 교안을 화면에 띄어놓고 줄기차게 화면만 보면서 강의하는 강사들, 파워포인트 슬라이드 화면이 나오지 않으면 할 말을 잃고 쩔쩔매는 강사들, 말로 해도 될 내용을 언제나 친절하게 교안에 옮겨놓는 강사들이 있다. 모두 자료에만 의존하면서 스스로 주연임을 포기한 것은 아닌지 돌아보자.

강사는 반드시 강의에 대한 내비게이션 같은 전체 경로와 핵심내용을 머릿속에 숙지하고, 디테일한 자료와 참고사항만을 강의 기획안에 의존한다. 내비게이션이 고장 나면 길 찾기가 힘들어지는 것처

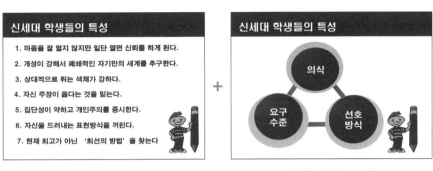

친절한 서술식 교안(×)　　　　　허전한 키워드 교안(×)

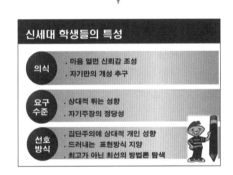

키워드+개조식 교안(○)

럼 자료에만 전적으로 의존하다 보면 교안이 없을 경우 강의를 제대
로 할 수 없게 된다.

　자료에 지나치게 의존하지 않으려면 가급적 강의 교안 내용을 키
워드와 개조식 형태로 혼합해 내용을 구조화해야 한다. 서술식 위주
의 교안은 강사나 청중 어느 한쪽의 의존도를 키워 상호작용을 힘들

게 하고, 단순히 키워드만을 제시하는 교안은 내용을 완전히 숙지해
야 하는 부담을 주거나 내용이 허전해 자칫 성의 없어 보이는 인상
을 줄 수 있다.

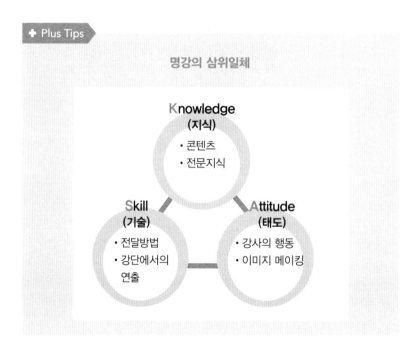

명강의 삼위일체

Knowledge
(지식)
• 콘텐츠
• 전문지식

Skill
(기술)
• 전달방법
• 강단에서의
  연출

Attitude
(태도)
• 강사의 행동
• 이미지 메이킹

언제 어디서나 똑같은
통조림식 강의

강의를 하기 위해 갔던 모회사 대기실에서 예전에 어느 기업 교육 담당자로 근무할 때 몇 번 모셨던 유명강사 한 분이 바로 앞 시간에 강의하는 것을 우연히 모니터로 지켜본 적이 있다. 10년이 지났지만 당시에 그분의 자기계발 관련 특강을 워낙 인상 깊게 들었던지라 내심 업그레이드된 내용을 기대하며 잠시 귀를 기울였다.

비록 종반부였지만 실망스럽게도 토씨 하나 틀리지 않고 마지막 클로징멘트까지 모든 것이 그때와 똑같았다. 당시의 강의가 녹화되어 그대로 재생되는 듯해 씁쓸했다. 교육담당자도 몇 번 모셨는데 언제나 똑같아 이제는 듣지 않아도 내용 파악이 가능하다고 한다. 어차피 청중은 계속 바뀌는 것이고, 한 번 듣는 강의라면 완성도가 높은 편이라 괜찮을 테지만, 이건 좀 아니라는 생각이 들었다.

최소한 강의에서 등장하는 비중 있는 과거의 인물과 규모의 경제 시대에나 어울릴 만한 성공 사례는 이제 그만 등장시켜야 하지 않을까? 내용 몇 구절이라도, 파워포인트 슬라이드 몇 장이라도 추가하거나 또는 교체했어야 하지 않았을까? 동일 제품을 찍어내는 통조림도 10년이면 유통기한이 끝나는데 강산이 바뀔 때까지 같은 강의 내용을 우려먹다니 너무한다고 생각했다.

로마에 가면 로마에 맞는 강의를

경영 성공 관련 강의를 하는데 IT회사의 벤치마킹 사례를 소개하면서 이를 제조업에 가서도, 유통 서비스업에 가서도, 심지어 공기업이나 관공서에 가서도 같은 이야기를 해보라. 반응이 좋을 리 없다.

강의 때마다 변화된 콘텐츠를 기획하는 일은 창조적 고통과 수고로움을 수반한다. 그럼에도 프로강사라면 분명 대상에 따라 적절하게 강의 내용을 조정해줘야 한다. 강의를 하기 전에 최소한 강의하는 회사 홈페이지라도 찾아보고 교안의 몇 장 정도라도 대상에 맞게 손질해야 한다. 인문학이나 일반 분야의 강사는 비교적 이러한 부담에서 자유로운 편이지만, 그렇다 해도 통조림식으로 찍어내는 강의는 삼가야 한다.

직무 분야 강사는 더욱 신경 써야 한다. 자신이 문제해결 강사라면 가령 제약회사에서 강의할 때는 해당 회사에 맞는 문제해결 기법으로 솔루션을 찾아줄 수 있어야 한다. 다른 곳에 가면 그곳과 관련된 현장 사례를 강의 내용에 포함시킨다. 서비스 강사가 항공사, 호텔식 서비스를 프랜차이즈 업종에 그대로 대입했다가는 해당 사업장에 잘 맞지 않는다. 결국 클레임이 걸릴 것이다.

커뮤니케이션 강의를 하는 일부 강사들은 매번 커뮤니케이션 유형 진단, 유형끼리 토의, 유형별 응대기법만으로 몇 시간이고 며칠이고 강의하는 경향이 있다. 강사는 익숙해서 좋다지만 진단지만을 활용한 틀에 박힌 강의를 벗어나기 힘들다. 또 내용상 겹치는 일이 발생하기도 한다. 예컨대 이미 성격 진단을 해본 사람들이라면 '이런 걸 또 해야 해' 하며 불만을 토로할 수 있다.

강사들은 청중 개개인이 앞으로 어떻게 커뮤니케이션을 해야 하는지 해결책에 더 목말라 한다는 사실을 잘 알아야 한다. 자신들도 다 아는 유형을 파악하고 유형끼리 어울려 '맞다 틀리다'를 확인하는 시간에 다양한 커뮤니케이션 사례를 분석해 해법을 찾아주는 게 더 중요하다.

다음 슬라이드를 보라. 패스트푸드점 친절 서비스 교육에 늘 하던 대로 항공사 서비스를 접목시켰다. 과연 이 회사에 맞는 교육 내용일까? 앞서 이야기했듯이 패스트푸드 프랜차이즈 사업체는 항공사의 서비스와는 개념 자체가 다르다. 머리끝에서 발끝까지 세련되고 품위 있는 서비스가 아니라 패스트푸트답게 순간순간 고객을 빠르고 순발력 있게 응대하는 서비스를 더 강조하기 때문이다. 멋과 세련됨을 강조하는 서비스에 학습자들은 어떤 반응을 보였을까?

'머리끝에서 발끝까지' 서비스

- 고객을 섬기는 자세
- 세련된 몸가짐
- 여유 있는 대응

강사들은 '무난했으니까', '별일 없으니까' 이런 생각 때문에 교안의 변화를 둔감하게 받아들이게 되고 급기야 똑같은 내용, 동일한 패턴으로 강의하다가 작은 사달이 났을 때 비로소 정신을 차린다. 통조림이나 벽돌처럼 똑같이 뽑아내는 강의와는 이제 절교를 선언하도록 하자. 옛것을 버리지 못하고 움켜쥐면 강의 또한 매너리즘에 빠진다. 그때그때 강의 기획을 통해 이를 바꿔가야 한다.

플랫폼은 그대로, 내용은 업데이트

요즘 플랫폼 비즈니스 모델이 대세다. '구글'이나 '네이버' 또는 '카카오'처럼 플랫폼을 장악한 기업이 지속적으로 성장하고 있다. 강사들도 일정한 강의의 플랫폼을 갖고 있는데, 늘 똑같은 강의를 하지 말라고 해서 플랫폼 자체를 매번 강의할 때마다 새로 만들라는 것은 아니다. 스마트폰 어플리케이션도 때가 되면 버전을 업데이트하듯이 강의 기획도 마찬가지다. 가끔씩 트렌드와 상황에 맞게 업데이트해주면 된다. 건물 형태는 그대로 두고 '리모델링'을 하는 식의 업데이트다.

그렇다면 업데이트를 어떻게 해야 할까? 이렇게 해보자. 파워포인트로 새 파일을 만들어 파일이름을 아예 업데이트 파일로 작성해놓는다. 그 파일에다 업데이트된 슬라이드를 작성해 죄다 모아두었다가 해당 강의에서 필요할 때 사용하는 방식이다.

가령 문제해결력을 강의한다면 파워포인트 문서의 파일명을 '문제해결 업데이트(16년-8월)'로 해놓는다. 그리고 신문이나 도서, 인터넷이나 각종 SNS에서 문제해결과 관련한 좋은 자료를 발견할 때마다 이를 가공해 슬라이드를 만들어놓고 문제해결 강의 교안을 만들 때 불러와서 활용하면 된다.

한번 해보자. 페덱스(FEDEX)가 '1:10:100'이라는 문제해결 법칙을 공개했다고 한다. 즉 "문제를 즉시 해결하면 1이라는 비용이 들고,

이를 시간이 지나서 해결하면 10이라는 비용이 들고, 이를 방치하면 100이라는 비용이 든다"는 내용이다. 이를 파워포인트를 활용해 한 장의 PPT 슬라이드를 만든 다음 나중에 문제해결 강의를 할 때 사례로 활용하면 된다.

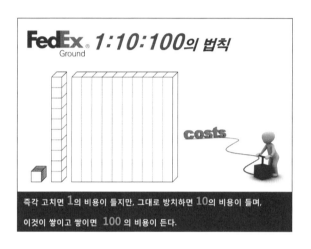

이렇게 조금씩 모은 업데이트 슬라이드가 쌓이면 꽤 유용한 나만의 강의 업그레이드 물류창고가 된다. 이러한 업데이트 파일은 분량이 많아질 수 있으니 월 단위로 관리하는 게 좋다. '문제해결 업데이트(16년-8월).ppt' '문제해결 업데이트(16년-9월).ppt' 이런 식으로 작성한다. 간단한 스킵(skip)자료도 이렇게 만들어서 자신의 강의 플랫폼에 끼워 넣었다가 필요할 때 꺼내 쓴다. 작은 기획 하나하나가 눈에 띄게 강의를 변화시킬 수 있다. 같은 콘텐츠를 계속 사용하는 것을 필자는 '콘텐츠 돌려막기'라고 표현한다. 이는 카드 돌려막기보다 더 위험하다. 언젠가 탈이 날 테니 강의에서 이것만은 피해야 한다.

강의 주제의 분류

구분	강의 주제	비고
마인드, 인성	• 변화 관리, 의식혁신 • 전략적 사고, 동기부여 • 윤리, 가치관	
리더십, 경영	• 계층별 리더십 역량 • 셀프리더십, 팀리더십 • 경영기획, 경영관리, 의사결정	
자기계발(공통)	• 기획력, 문서 작성(제안서, 보고서 작성), 글쓰기 • 스피치, 프레젠테이션 기술, 회의기술 • 창의력 개발 • 문제해결 • 커뮤니케이션(대인관계, 소통, 갈등관리 등) • 효율적 업무수행, 성과관리, 목표관리 • 시간정보관리	
직무(실무)교육	• 인사, 총무 / 교육 / 재무, 회계 / 법무 • 마케팅 / 영업, 세일즈 / 외주관리 • 무역실무 / 구매, 자재 / 유통, 물류 • 제조, 설비 / 품질 / 생산관리 / 연구개발	
고객만족	• CS마인드 / CRM(고객관계경영) • 고객서비스 응대기법, 친절서비스, 컴플레인 처리 • 직장예절, 전화응대, 서비스 모니터링	
전문교육	• OA(오피스, IT전문분야) 교육 • 사내강사 양성, 해당 직무 전문가 또는 기술자 양성 • 각종 자격증 취득(준비)과정, 평가대비과정	
기타	• 조직개발 , 팀워크 활성화 • 교양 특강(인문학 강좌 등)	

어려운 내용을
더 어렵게

수년간 오로지 연구개발 업무에만 종사한 연구원이 있다. 제품 검사, 데이터 분석, 각종 실험결과 정리가 주 업무였는데 가끔 연구결과를 보고서로 작성하기도 했다. 그런 그에게 또 하나의 업무가 추가되었다. 사내강사로 임명되어 연구개발 업무와 각종 기술적 결과 자료를 신입사원이나 해당 직무수행 관련자, 또는 방문하는 고객들에게 강의하는 것이다. 사실 관련 업무를 수행하는 엔지니어들을 교육하는 것은 큰 문제가 되지 않는다. 그런데 직무지식이 거의 또는 전혀 없는 신입사원이나 고객들에게 전문기술을 교육해야 하니 이만저만 어려운 일이 아니다.

일단 그의 교안은 어렵다. 생소한 전문용어가 가득하고 전달하는 내용은 더 어렵다. 주어진 시간에 교안에 담긴 내용을 그대로 전달하기에 급급할 뿐이다. 결국 신입사원이나 고객들은 처음 몇 분 동안은 관심을 갖다가 점점 지루해하면서 이내 졸거나 집중력이 흩어진다. 강의를 듣고 있노라면 무슨 외국에 온 기분이 들 정도란다.

답은 이미 나와 있다. 교안을 학습자나 청중의 눈높이에 맞추어 쉽게 전달하면 된다. 그러나 문제는 그게 쉽지 않다는 점이다. 주어진 일을 하기도 바쁜데, 교안을 쉽게 수정하기가 만만치 않다. 하지만 물건을 팔 때 구매자가 이해하기 힘든 매뉴얼을 끼워넣을 수 없듯이, 청중이 알아듣기 힘든 강의를 계속할 수는 없는 법이다.

원 자료를 쉽게 가공하라

노인 전용 화장품을 만들어 시판하는 회사가 설명서에 이렇게 써놓았다고 해보자. "피부탄력과 링클을 캐어(care)해주는……." 노인분들 수준을 폄하하는 것은 아니지만, 과연 이 말의 뜻을 잘 이해할 수 있는 노인이 몇이나 될까? 쉽게 '피부탄력과 주름을 펴주는……' 이렇게 하면 되지 않는가?

우리의 강의 언어나 강의 교안도 잘 살펴보자. 혹시 전문가의 눈높이에서 말하고 작성하는 것은 아닌지. 만약 조금이라도 그러한 낌새가 있다면 더욱 쉽게 가공해야 한다. 전문용어, 외국어, 한자어, 각종 약어 등을 쉬운 용어로 바꾸어도 결코 강의 수준이 떨어지지 않는다. 오히려 쉽게 전달함으로써 호평을 받을 수 있다.

홈쇼핑에서 쇼호스트들이 전자제품을 판매하면서 제품사용법을 어렵게 설명하는 것을 보았는가? 손쉬운 조작법과 머리에 쏙쏙 들어오는 제품 홍보를 통해 구매의욕을 자극한다.

강의 교안의 내용이 어려우면 보는 이들은 일단 숨이 막혀버린다. 읽기 쉽고, 알기 쉽고, 눈에 띄게 다듬어야 한다. 다음 슬라이드는 어려운 내용을 쉽게 가공한 자료다. 전문용어를 쉬운 표현으로 바꾸고 이해를 돕는 이미지를 넣어 훨씬 수월하게 강의 내용을 전달할 수 있게 되었다. 어려운 콘텐츠를 접하는 청중은 어렵다 못해 난감해할 수 있다. 강의 교안 자체가 쉬워야 강의도 쉽게 잘 전달된다.

제품의 특성

1. 도색의 정제

2. 식도에 정류하여 붕괴됨

3. 연하곤란과 부작용 기전발생시 드물게 항진 우려

▶

제품의 특성

1. 복숭아 색깔의 알약임

2. 식도에 달라붙어 녹아 내릴 수 있음

3. 삼키기 곤란하니 유의하고,
   간혹 부작용으로 증상이 더욱 심해지는 경향이 있음

사례나 비유를 추가하라

사례나 예화를 활용하는 것은 어려운 내용물에 쉬운 포장지를 씌워주는 것과 같다. 같은 내용이라도 더 쉽게 이해되고 기억에도 잘 남는다. 사례나 예화는 강의 교안의 특정한 곳에 배치하지 않더라도 절묘한 타이밍에 말로 전달해도 된다.

이 모든 것을 강의 기획 과정에서 준비해야 하는데, 파워포인트 슬라이드 교안을 활용한다면 보통 슬라이드 한 장에 그 사례나 비유에 대한 키워드식의 간단한 안내문구나 이미지만을 삽입해 언어 전달을 뒷받침하는 것이 일반적이다.

예를 들어보자. 민간항공 비행기가 추락할 확률은 6,000만분의 1이라고 한다. 이를 곧이곧대로 전달하면 그저 확률이 희박하다는 정보만 전달될 뿐 청중에게 느낌이 확 와닿지 않는다. 그런데 다음과 같이 단계적으로 사례를 들고 비교해보면 훨씬 이해하기 쉬워진다.

① 로또 확률이 8,000만분의 1인데, 이는 번개를 그 자리에서 한 번 맞고 걸어가다가 다시 한 번 맞을 확률입니다.

② 비행기 사고는 16년 동안 매일 비행기를 탔을 때 한 번 사고가 날까 말까 할 확률입니다.

③ 미국 맨해튼으로 비행기를 타고 가다가 사고가 날 확률보다, 인천공항으로 승용차를 타고 가다가 사고가 날 확률이 더 높다고 합니다.

비행기 사고의 희박한 가능성을 이렇게 설명하면 머릿속에 쏙쏙 들어오지 않을까? 마찬가지다. "자동차 주행을 13만 킬로미터 했습니다"는 "주행거리는 서울에서 부산까지(약 420킬로미터) 무려 150번 이상 왕복한 거리입니다"라고 바꿔 쓰는 것이 낫고, "아이스크림 250만 개 팔았습니다"는 "코엑스 아쿠아리움(3,000톤) 230개 분량입니다"라고 쓰면 더 효과적이다.

사례나 비유를 활용해 아래와 같이 간단하게 시각자료를 만들 수 있다.

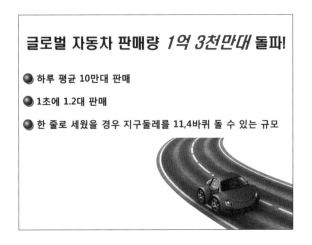

강의 기획은 언어로만 전달하는 방식의 한계를 보완하기 위해 여러 가지 쉬운 전달방식과 콘텐츠 장치를 고안하는 것이다. 청중이 이해할 수 없을 정도로 강의가 어려워서는 안 된다.

본류는 하나,
지류는 수십 개

　분명 인사예절을 배우는 시간이었다. 그런데 강사가 상황별 인사법을 이야기하다가 뜬금없이 자신의 이야기만 장황하게 늘어놓는다. 그러다가 인사의 중요성을 피력하더니, 느닷없이 표정관리 또한 놓치지 말아야 한다고 강조한다. 그러고는 표정과 인사가 서비스의 기본이라는 것을 제스처까지 동원해가며 열강한다. 도대체 청중이 진정 배우고 싶어 하는 현장의 인사 요령은 언제 나오는 것인지.

　한참 곁가지를 펼치던 강사가 비로소 본줄기로 돌아와 상황에 적합한 인사예절을 가르치는가 싶더니 또다시 과거의 사례를 이야기하고 거기서 파생되는 콘텐츠로 또다시 곁가지를 치기 시작한다. 그야말로 가지치기의 악순환이다. 몇 번을 본류와 지류를 왔다갔다 하다 보니 강사는 강사대로 갈피를 못 잡고 청중도 이리저리 두서없이 듣느라 정신 없다.

강의 경로 이탈 방지 장치

내비게이션으로 목적지를 검색해 경로를 탐색하면 최적의 길을 안내해준다. 그런데 이 사각형의 작은 기계가 이끄는 대로 가지 않으면 "경로를 이탈했습니다"라는 음성이 나오면서 자동으로 경로 재탐색을 한다. 참 편리하다. 강의에서도 본류를 이탈하면 가볍게 경고해 다시 제자리를 찾아가게 하는 장치가 있으면 좋겠다.

강의 기획 과정에서 강의 경로인 트랙에 대한 점검은 필수다. 말하자면 본류와 지류, 즉 본가지와 곁가지 콘텐츠를 꼼꼼하게 체크해 강의 전에 잘 세팅해놓아야 한다. 간단한 유머나 애드립을 제외한 모든 강의의 콘텐츠 줄기가 고려의 대상이다.

내비게이션에서 잠시 경로를 이탈했다가 재탐색으로 다시 경로에 합류하듯 강의에서 지류로 뻗어나갔다 하더라도 본류로 돌아오게 하는 방법은 여러 가지가 있다.

① 강의 목차를 설정해 강의 전반을 안내해주는 것이다. 미리 내비게

이션의 주행 경로를 보듯이 전체 내용을 조망해주는 차원에서 효과적이다.

② 메모카드나 파워포인트 슬라이드에 내용을 짜임새 있게 작성해 조금이라도 여기에 나와 있지 않은 콘텐츠에 대한 언급은 회피하는 방법이 있다.

③ 사전 모니터링을 통해 내용과 시간을 체크해 핵심에서 이탈하지 않도록 훈련하는 것이다.

위의 세 가지에 대한 구체적 방법은 뒷장에서 설명할 것이다. 한 가지 아쉬운 부분은 기획에서는 내비게이션과 같이 자동 또는 강제 모드로 강의 트랙 이탈을 방지하기 위한 장치가 없다는 점이다. 결국 강사의 철저한 사전 점검과 이탈 방지에 대한 마인드 또는 연습만이 유일한 해결책이다.

기획한 내용에만 집중하라

다음의 강의 슬라이드를 보자. 유용한 내용이 많지만 표현하고자 하는 것과 다소 거리가 있는 곁가지나 잔가지가 많다.

원 자료의 1번과 3번 콘텐츠는 강의 내용의 본류가 아닌 지류에 해당한다. 이와 같은 지류가 많을수록 강의는 산만해진다. 곁가지 또는 잔가지와 같은 지류는 '다다익선(多多益善)'이 아니라 '다다익해(多多益害)'가 될 수 있다. 지류를 덜어내고 다시 만들었더니 훨씬 나아졌다.

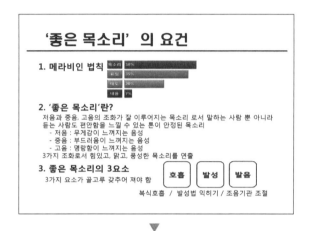

결국 지류를 제한해 본류를 망각하지 않게 하는 최선의 방법은 자료에 나와 있지 않은 내용을 철저하게 차단하는 길밖에 없다. 만약

본류에서 잠시 지류를 이야기하고 싶다면 지류 콘텐츠의 몇 가지 핵심 키워드나 문장을 자료에 표시해놓으면 된다. 강의의 큰 줄기인 본류에 영향을 주지 않는, 즉 본류와 관련된 지류 몇 가지는 어느 정도 허용할 수 있다.

하지만 본류에서 파생되는 지류는 한 번 정도가 적절하다. 지류에서 또 지류를 만드는 것은 곁가지에서 또 곁가지를 치는 것이기에 본 내용과 무관해질 수 있고, 이러한 지류가 많을수록 본류와 멀어질 수밖에 없기 때문이다. 또한 균형 있고 짜임새 있는 콘텐츠의 배치는 본류 이탈을 방지하는 보호망 역할을 한다. 반대로 콘텐츠가 흩어져 있고 구성이 느슨하면 핵심내용을 잃고 어수선함을 불러일으킨다.

+ Plus Tips

강의 주제의 본류와 지류

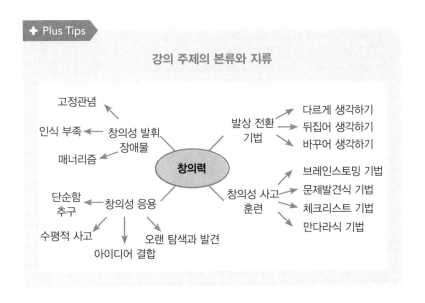

밋밋한 구성
답답한 비주얼

모습은 세련되었다. 외모, 용모, 복장 등 퍼스널리티(Personality)로서 어느 것 하나 흠이 없는 강사였다. 청중은 그녀의 외모만큼이나 그녀의 강의에 대해 기대치가 컸다. 특히 '어떤 자료가 눈앞에 펼쳐질까?' 하는 호기심도 여기에 한몫을 더했다. 그러나 기대가 너무 컸던 탓일까? 그녀의 자료는 그저 그런 평범한 것이었다. 오히려 조금도 세련되지 않은 자료 때문에 그녀가 가진 외적 신뢰감마저 평가절하되었다. 강의 교안이 조금만 더 그녀의 외적인 모습과 균형만 맞추었어도 강의는 더욱 빛났을 텐데 아쉽다.

강사들도 알고 있을까? 자신의 겉모습에 못 미치는 강의 교안을 청중에게 보여주고 있다는 사실을 말이다. 그 강의 교안으로 말미암아 청중은 싫증이 나고, 강의 평가에 다소 부정적 영향을 줄 수도 있다. 그렇고 그런, 조금도 차별화하지 못한 어정쩡한 강사의 파워포인트 슬라이드는 강의의 2% 부족함을 일깨우기에 충분하다. 자고로 강사는 자신의 외적인 모습에 버금가게 교안 작성에도 신경을 써야 한다.

교안은 강사의 최적화된 무기

강의 교안은 군인을 예로 들면 총과 같다. 물론 총을 들지 않는 군인도 있듯이 교안 없이 입심으로만 승부하는 강사도 있다. 하지만 그런 강사는 이제 비주류다. 가능한 한 교안은 있는 것이 좋고 이왕 있으려면 군인이 첨단 기능의 총으로 무장해야 전투력이 상승하듯 강사에게 가장 최적화된 것으로 준비해야 한다. 부적절한 교안은 첨단 군복을 입고 재래식 총을 든 것과 같은 어설픔을 연출한다.

다음 자료를 보자. 이 자료가 과연 강의의 설득력에 무게감을 실어 줄 수 있을까? 가공에 인색한 밋밋한 구성, 이러한 파워포인트 슬라이드를 본 청중은 강사에게 신뢰감을 갖지 못한다. 이제 자료를 좀 다듬어보자.

같은 내용이지만 조금 더 나아졌다. 결국은 한 뼘 차이다. 잘 만든 자료가 강의에 힘을 실어준다. 절대 고난도 기술이 아니다. 파워포인트 한 달만 연습하면 된다는 중급 정도의 실력이면 만들고도 남는다.

명강사 강의기획

'파워포인트'는 강의를 표현하는 유용한 수단이다. 잘 모르면 기능을 설명한 책부터 사서 익히도록 하자. 언제까지 말로만 강의를 할 것인가? 또 언제나 고만고만한 파워포인트에 의존하는 강사로 만족해 할 것인가? 많은 노력이 필요하다.

최상이 아닌 최적의 비주얼

강의 교안을 '파워포인트'가 아닌 다른 것으로 대체할 수 있을까? 스마트 세상이 더욱 활성화될수록 파워포인트 프로그램은 없어지지 않고 다만 버전업 과정을 거치면서 진화할 것이다. 앞으로도 파워포인트 슬라이드를 활용한 교안 작성은 필수일 테고, 다른 첨단장비와 결합하면서 더욱 활성화할 것이다. 아마 몇 년 내에는 고화질 빔 프로젝터가 스마트폰에 탑재되어 노트북과 블루투스로 연결된 파워포인트를 구현할 가능성도 있다. 하여튼 파워포인트가 가장 효과적인 디스플레이 교안 작성 도구임은 분명하니 이에 신경을 써야 한다.

강의를 위한 스피치 준비도 힘든데, 멋진 자료까지 준비하려면 부담스러울 수 있다. 무슨 대단한 프레젠테이션 자료를 만들라는 것이 아니다. 다소 보기 좋게, 기본에 충실한 파워포인트 슬라이드 디스플레이면 된다. 오히려 지나치게 세련되고 화려한 강의 교안은 강의를 방해할 수 있다. 청중의 시선을 화면에 빼앗길 수 있기 때문이다. 최상이 아닌 최적의 비주얼을 강의 교안에 잘 담아내야 한다.

보라! 이 촌스러움을. 일부 강사들은 강의 현장에서 이런 수준의 강의자료를 남발한다. 불필요한 제목 앞 글머리와 밑줄, 옭아매는 박스까지, 게다가 성공을 연상시키지 못하는 부적절한 표정의 사진에 일반적 텍스트와 소심한 클립아트 세팅이라니, 겉은 프로강사일지 몰라도 왕초보 파워포인트 능력을 소유한 강사다.

다음 슬라이드를 보자. 확실히 나아졌다. 대단한 파워포인트 기술로 만든 것은 아니다. 기본기만 습득하면 가능한 콘텐츠의 구성과 수준이다. 작성에 있어서는 기술이 아니라 성의와 센스다. 강사로서 나의 세련된 모습만큼 교안의 비주얼도 귀중하다는 점을 염두에 두자. 멋진 옷을 입고 치장하는 것이 중요하듯 비주얼을 결코 만만하게 여겨서는 안 된다.

철 지난 낡은 자료
움켜쥐기

"강사님! 그거 예전에 보았는데요."

강의 중 청중 한 명이 끼어들었다. 강사는 순간 '아차' 싶었다. 몇 년 동안 잘 사용했던 콘텐츠가 드디어 수명이 다했다는 사실을 뒤늦게 깨달았지만 이미 늦었다. 바빠서 제때 손질을 못 했다는 것은 핑계에 불과했다. 다시 보니 강사 자신의 생각에도 확실히 철 지난 콘텐츠다. 생각의 프레임을 설명하면서 그림 한 장을 교안에 제시한 것인데, 여느 심리학 책에서 심심찮게 등장하는, 웬만한 강사들은 한번쯤 사용했을 법한 콘텐츠를 아무 생각없이 그대로 쓴 것이 화근이었다.

생각의 프레임을 설명할 때 으레 등장하는 흔한 예시

    다른 그림으로 대체할 수도 있었을 텐데, 왜 그랬을까? 지금껏 별 문제없이 사용하다가 결국 불만이 터져나온 것이다. 인터넷 몇 번만 클릭하면 관련된 수많은 자료가 쏟아지고, 손가락으로 스마트폰 몇 번만 터치해도 원하는 자료를 얻을 수 있는 세상이다. 조금만 노력했어도 같은 의미를 지닌 가장 최신의 이미지를 찾았을 텐데 아쉽다.

    언제나 새롭고 우수한 콘텐츠를 다루는 것은 지식 서비스를 제공해야 하는 강사들의 사명이다. 매번 준비하는 것이 만만치 않지만 갈수록 수준이 높아지는 학습자에게 낡은 콘텐츠를 전달해서는 안 된다.

강의 콘텐츠는 소모품이다

아무리 우수한 신형 자동차라고 해도 주기적으로 엔진오일을 교환하고, 경정비도 해주어야 한다. 월동준비처럼 어느 상황에서는 반드시 예방과 대응조치도 필요하다. 강의 교안의 콘텐츠는 마치 자동차 소모품과 같아 일정한 주기가 되면 교체 또는 정비를 필요로 한다.

제때에 점검하지 않으면 자동차에 이상이 생기는 것처럼 콘텐츠도 잘 관리하지 않으면 기어이 문제가 터질 수 있다. 강사들은 의외로 콘텐츠에 대한 고정관념에 갇혀 있다. 학습자들로부터 무난한 반응이 나온 콘텐츠는 버리지 않고 끈질기게 재활용해서 쓴다. 하루속히 이러한 생각을 내려놓아야 한다.

그렇지 않으면 나중에는 교체 시기가 되었는데 기존 것을 유지하려는 관성 때문에 변화에 둔감해질 수밖에 없다. 코끼리 발목에 한동안 쇠사슬을 채워 묶어놓았다가 그 줄을 없애도 도망가지 않는 것처럼, 뛰는 벼룩을 유리병에 가두어 병에 부딪치게 만들면 그 병을 없애도 그만큼의 높이만 뛰는 것처럼 관성에 갇혀버린다.

고착된 프레임은 역설적으로 유명하고 바쁜 강사에게 두드러지게 나타난다. 언제나 바쁜 스케줄을 소화해내느라 제때 콘텐츠를 정비할 수 없어 좀처럼 익숙한 것과 결별하지 못하기 때문이다. 다시 말하지만 강의 콘텐츠는 소모품이다. 소모 주기가 지난 낡은 자료는 미련을 갖지 말고 과감하게 교체하도록 하자.

물론 교안에 대한 콘텐츠 점검 시기가 일정하게 정해져 있지는 않다. 수시로 체크하고 점검해야 하기에 더 어렵다. 그렇다면 이렇게 해보면 어떨까? 자동차처럼 교체 및 점검 주기를 정하는 것이다. 경험상으로는 다음과 같다.

① 강의 비수기를 고려해 6개월마다 정기점검을 하면 좋다. 보통 휴가 기간인 7, 8월이나 1, 2월이 적당하다.
② 학습자나 대상자가 바뀔 때 일부 변화를 주어야 할 콘텐츠가 있는지 판단해 조치해야 한다. 아무래도 사례나 이미지는 그 대상에 맞는 것으로 교체하는 것이 효과적이다.
③ 새로운 데이터나 정보가 나왔을 때 교체할 준비를 하자. 일회용 면도날을 갈아 끼우듯 순간순간 접하는 것 중에서 이슈가 되는 내용, 변동성 있는 정보는 그때그때 교체하거나 삽입해주는 것이 바람직하다.

제때 잘 교체하려면 강사들은 건전한 '직업의식' 또는 '직업병'을 발휘해야 한다. 텔레비전을 보다가도, 신문을 넘기다가도, SNS를 접하다가도 자신의 강의 콘텐츠와 관련된 부분이 있다면 재빠르게 낚아채어 이를 낡은 콘텐츠와 맞바꿔야 한다.

한편 이때 교체하는 콘텐츠는 순수한 강사 자신의 것이어야 한다. 가장 한심한 강사는 자신만의 콘텐츠를 생산해서 교체하지 못하고 남의 것으로 끼워 맞추거나 세미나나 다른 강사들의 강좌 등을 청강하며 '뭐 가져다 사용할 콘텐츠 없나?' 이런 것들이나 궁리한다. 이른바 강의 기행(tour)을 하며 대체할 콘텐츠를 찾는 강사들인데, 이런 강사들은 절대 강사로 이름을 알리지 못한다.

부분 교체로 강의 교안을 튜닝하라

낡은 콘텐츠를 버리고 업그레이드하라고 해서 무조건 새로운 콘텐츠로 바꾸라는 이야기는 아니다. 기본적인 포맷, 흐름과 맥락은 유지하면서 부분적으로 손을 보는 쪽으로 가닥을 잡아야 한다. 말하자면 자동차를 사서 더 보기 좋고 더 나은 성능을 발휘할 수 있도록 내게 맞게 튜닝하는 것과 같다. 조금씩 지속적으로 수정하다 보면 훨씬 나아지고 달라진다. 튜닝 자동차에 눈길이 가는 것처럼 학습자들에게는 신선하게 어필할 수 있다.

다음 슬라이드를 보자. 이러한 수치나 통계자료는 반드시 최신 것으로 바꿔야 한다. 해마다 사람들의 감정이나 인식이 바뀌거늘 '국가별 행복지수'를 설명하면서 3년 전 자료를 제시하면 되겠는가? 회사 서류도 3년이 지나면 폐기를 원칙으로 한다. 이렇게 최신판이 아닌 낡은 버전의 내용을 제시하는 일은 없어야 한다.

조금만 자료를 찾는 수고로움을 감수한다면 달라진다. 최근 자료

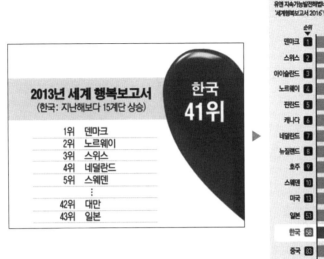

로 바꾸었을 때 왠지 갓 구워낸 빵을 먹는 것처럼 뿌듯하고 당당하지 않을까? 교안은 자주 최신 버전으로 바꿔주어야 한다. '아프니까 청춘이다!'가 아니라 '바꾸니까 교안이다!'이다.

날고 기는 스마트 시대인데, 아날로그 시대에나 유행했을 이미지를 버젓이 강의에 등장시켜서도 안 된다. 용어 사용도 스마트하게 고쳐야 한다. 이미지 하나, 내용물 하나라도 바꿔주면 그 섬세한 디테일에 청중은 강사에게 호감을 갖는다. 작은 콘텐츠 하나가 강의 전체에 대한 평가를 좌우하지는 않더라도 어느 정도는 영향을 준다.

그런데 불행하게도 이러한 교안의 콘텐츠는 수명이 너무 짧다. 기껏해야 3년을 넘기지 못한다. 왜냐하면 새로운 수치, 새로운 유행어들은 계속 등장하기 때문이다. 솔직히 강사들에게 끊임없이 콘텐츠를 업그레이드하면서 강의해야 하는 것은 참 얄궂은 현실이다. 콘텐츠가 저절로 수명이 다하고 사라지는 것을 어쩌겠는가? 조금만 더 부지런해지자. 그리고 조금씩 낡고 헤진 콘텐츠를 리모델링하도록 하자. 기초학문을 가르치는 대학교수도 예전의 교안을 그대로 재탕하다가는 학생들로부터 외면받는다. 아무리 블록버스터 대작 영화도 사골곰탕 우려내듯이 재탕 삼탕 비슷하게 만들었다가는 관객들의 평점테러를 피할 수 없다.

변화를 주는 정도를 자동차로 비유하면 '튜닝(tuning)'과 '페이스리프트(face lift)'와 '올뉴체인지(all new change)'가 있다. 튜닝은 말 그대로 세부조정, 페이스리프트는 부분 변경, 올뉴체인지는 전체 변경이다. 튜닝은 최소 몇 달에 한 번 수시로, 페이스리프트는 1년 단위로, 올뉴체인지는 몇 년에 한 번 모델 자체를 업그레이드해야 베스트셀러카답다.

강의 교안도 수시 튜닝으로 콘텐츠를 세부 점검하고 1년 내에 몇 번 어느 정도 때가 되었다고 판단하면 페이스리프트와 같은 부분 변경을 해야 하며, 몇 년에 걸쳐서는 '올뉴체인지'를 해주면 좋다. 그래야 명차를 지속적으로 유지하는 것처럼, 명강의 교안으로 말미암아 명강사의 대열에 합류할 수 있다.

2장
성공적인 강의는
기획에서 시작된다

강의는 프로세스로
완성된다

노순서 강사는 컴퓨터를 켜고 파워포인트 프로그램을 열었다. 며칠 전에 의뢰받은 강의 교안을 작성하기 위해서다. 그러나 주제가 곧바로 떠오르지 않아 막막하기만 했다. 하지만 늘 그래왔듯이 노 강사는 마우스를 클릭하고 자판을 두드리기 시작했다. 첫 페이지 슬라이드부터 무작정 작성해가는 방식은 그의 주특기다. 여기에 이전 강의 자료 살짝 덮어씌우기, 다양한 내용 끼워 맞추기, 이것저것 흥미 있는 자료 삽입하기 등 잔기교가 더해졌다.

어느 정도 시간이 흘러 모니터에 펼쳐진 수십 장의 강의 교안을 보며 노 강사는 안도한다. 흐뭇한 기분이 들고 당장이라도 강의를 하면 잘할 것 같았다.

그런데 막상 강의를 시작하니 내내 뭔가 산만하고, 내용이 뒤엉켜 있는 기분이었다. 이상하리만큼 전달도 매끄럽지 않다. 설상가상으로 강의 후 피드백도 썩 좋지 않았다. 노순서 강사는 차곡차곡 절차를 거치지 않고 무턱대고 강의 교안을 만들어내는 습관이 원인이었음을 깨달았다.

강의 알고리즘을 짜라

컴퓨터 프로그램 작성의 기초가 되는 것으로, 컴퓨터를 작동하기 위해서 입력에서부터 정보처리 단계를 거쳐 출력에 이르기까지 일련의 처리 절차를 '알고리즘'이라고 한다. 강의 기획에서도 어느 정도 알고리즘화가 필요하다. 각각의 콘텐츠가 알고리즘을 통해 자연스럽게 연결되어 매끄러운 강의의 흐름을 이끌 수 있기 때문이다. 강의에서 알고리즘이란 강사가 강의를 위한 '생각의 연결고리'를 만드는 과정이라고 할 수 있다.

흔히 강의를 잘한다고 하는 사람들은 그동안 해온 익숙한 절차와, 자신의 순발력만 믿고 이러한 알고리즘 같은 강의 기획을 소홀히 하는 경향이 있다. 그러다가 조금이라도 변화된 상황이나 새로운 강의 주제에 직면하면 낭패를 본다.

그렇다고 매번 기계적으로 정교한 알고리즘을 설정하라는 것은 아니다. 알고리즘과도 같은 정형화된 절차를 기반으로 그때그때 상황과 여건에 따라 유연하게 단계를 조절하면 된다. 문제는 단계를 거치느냐 무시하느냐의 차이다. 요리할 때도 마찬가지 아닌가? 마구잡이로 재료를 가공해 뚝딱 음식을 만들지 않는다. 무슨 요리를 할까 ① 메뉴를 정하고, 여기에 쓰이는 하나하나의 ② 재료를 분석하고, 맛난 요리를 위한 ③ 전체적인 레시피와 핵심사항을 집검하고, 재료를 프라이팬이나 냄비 등에 알맞게 넣어 ④ 내용물을 구성한 다음, 양념이나 조미료를 첨가해 더 좋은 맛을 낼 수 있도록 ⑤ 다듬기 작업을 거치게 된다. 요리의 이러한 알고리즘을 강의 기획에 그대로 대입해보면 어떨까?

강의의 주제를 정하고 관련 자료를 분석하고 전체적인 흐름을 파악해 핵심적인 내용 설계를 한 후 콘텐츠를 보기 좋게 배열하고 나

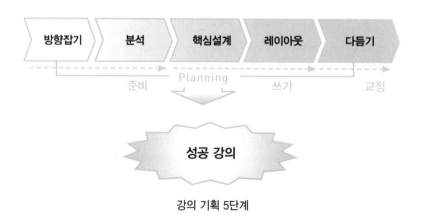

강의 기획 5단계

서 시각적으로 다듬는 것이다. 강의 기획 5단계야말로 강의 교안 작성에 대한 표준화된 알고리즘과 같다.

강의 준비 A to Z

강의를 위한 구상에서 강단에 서기까지 일련의 과정이 있다. 방향잡기-분석-핵심설계-레이아웃-다듬기의 5단계 강의 기획 프로세스는 전형적이고 기본적인 강의 기획 단계다. 이 중 방향잡기와 분석은 준비 단계, 핵심설계와 레이아웃은 쓰기 단계, 다듬기는 교정 단계로 보면 된다. 강의를 준비하면서 시작부터 끝까지 제대로 된 절차를 적용해보는 것은 매우 의미 있다. 또한 각각 단계에서 해야 할 일을 찾아 진행하는 것은 더욱 짜임새 있고 체계적인 강의에 도움이 된다.

방향잡기는 강의 기획의 시작점이다. 가장 중요한 강의 수행을 위한 출발과정이다. 출발부터 삐걱거리면 안 되기 때문이다. 강의 주제를 선정하고 콘셉트와 제목을 설정하며 전반적인 강의를 위한 개념을 파악하는 단계다. 이때 '무엇을 강의하고자 하는지', '어떤 식으로 강의를 해야 하는지' 등 내가 하고자 하는 강의에 대한 목표를 설정하고 분명한 색깔을 정해야 한다.

방향을 설정한 다음에는 강의 전반에 관한 다양한 분석을 한다. 특히 강의자료를 수집하고 이를 가공하는 정보 분석이 주류다. 제대로 된 가치 있고 유용한 콘텐츠를 발굴하고 이를 적절하게 확대 재생산해야 한다.

방향을 잡고 자료를 갖추었다면 본격적인 쓰기에 들어간다. 핵심설계는 기획의 결과물이 나오는 첫 단계지만 강의 기획이 비로소 형체를 갖추어간다는 측면에서 매우 비중 있는 과정이다. 강의 주제에 맞는 큰 틀(프레임)을 짜고, 키워드가 되는 골자를 선정하는 작업이 여기에서 이루어진다. 큰 틀을 통해 강의의 흐름을 파악하고, 키워드를 통해 핵심내용을 이해할 수 있다. 여기서 잘못되면 마치 건축물의 주요 골조와 기둥이 주저앉는 것과 같다. 교육을 위한 매체 및 실습 설계도 이 과정에서 이루어진다.

지금까지 강의 기획이 강의를 위한 크고 작은 골격을 갖추는 작업이었다면 레이아웃은 뼈대에 살을 붙이는 단계다. 강의에 필요한 콘텐츠들이 모두 갖춰지고 실질적인 내용상의 알맹이가 형성된다. 강의 교안에는 일정한 구성과 배치의 룰(Rule)을 준수해 콘텐츠들이 자유롭게 어울리도록 만들어야 한다. 프레젠테이션처럼 정교하고 디테일한 구성이나 배치를 요구하는 것은 아니고, 또한 모든 강의 내용을 교안에 제시하지 않아도 되지만 강의의 성격을 규정하는 모든 콘텐츠는 레이아웃 과정에서 탄생한다. PPT 슬라이드, 동영상, 실습계획도 레이아웃 단계에서 윤곽을 잡는다.

레이아웃에 이르는 강의 기획 과정을 마친 것은 도자기 제작에 비

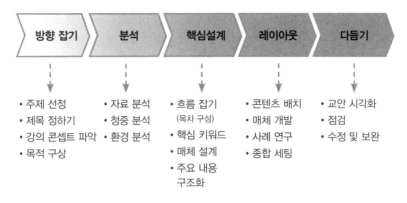

방향 잡기	분석	핵심설계	레이아웃	다듬기
• 주제 선정 • 제목 정하기 • 강의 콘셉트 파악 • 목적 구상	• 자료 분석 • 청중 분석 • 환경 분석	• 흐름 잡기 　(목차 구성) • 핵심 키워드 • 매체 설계 • 주요 내용 　구조화	• 콘텐츠 배치 • 매체 개발 • 사례 연구 • 종합 세팅	• 교안 시각화 • 점검 • 수정 및 보완

강의 기획의 단계별 활동

유하자면 거의 초벌구이를 해냈을 뿐이다. 다듬기 과정을 거쳐 '재벌구이' 또는 '유약 바르기'를 해야 한다. 건축물로 이야기하자면 다듬기는 내부 마감재 또는 인테리어 작업이다. 말하자면 강의 교안을 좀 더 세련되고 멋지게 정돈하는 단계다. 문장을 쓰고 나서 교정을 보듯 강의 콘텐츠도 교정을 거쳐야 완성도가 높아진다.

　한편 여기서 제시한 강의 기획 5단계의 모든 과정을 언제나 변함없이 적용해야 하는 것은 아니다. 각각의 단계는 강의의 속성과 상황을 고려해 탄력적으로 적용하면 된다. 가령 파워포인트를 활용해 교안을 만들지 않고 일반적인 특강을 진행한다면, 방향잡기와 분석, 그리고 콘텐츠 설계로 바로 들어갈 수 있다. 늘상 정해진 것에서 일부만을 추가하는 강의라면 방향잡기와 분석을 생략한 후 곧바로 콘텐츠 레이아웃 형태의 주무르기로 들어갈 수 있다. 강의 기획 5단계는 마치 서랍처럼 필요할 때마다 넣다 뺐다 하면서 적절히 삭제, 통합, 조정을 거처 응용하면 된다.

강의 기획 각 단계별 착안사항

구분	착안사항	비고
방향잡기	• 무엇을 강의할지 명확화(제목 또는 주제, 목표를 설정) • '어떤 콘셉트로 강의할 것인가?'를 계획	
분석	• 강의에 필요한 제반 정보 루트, 특이사항 점검 • 수집한 자료 정리정돈 • 교안 준비 작업 소요 판단 (새로 만들거나 수정해야 할 자료 파악) • 전체 과정상에서 해당 강의 콘텐츠 비중과 위치 확인	
핵심설계	• 페이퍼 워킹으로 전체적인 틀(스토리라인) 작성 • 목차 또는 흐름이 매끄럽게 연결되었는지 파악 • 필요한 학습매체(동영상 등)와 사례 및 실습계획 확인 • 각 페이지마다 핵심 키워드 선정 상태 확인	
레이아웃	• 전반적인 교안 구성 상태 점검 • 교육매체, 실습, 사례 확정 및 점검 • 강의 구성 시간 체크(매체 디스플레이, 실습시간 고려) • 파워포인트 슬라이드 콘텐츠 1차 구성 완료 • 내용상의 누락 또는 불완전 요소 점검	
다듬기	• 내용 수정 및 시각적 요소 추가 • 최종 예행연습 또는 점검을 통한 결함요소 점검 • 필요 시 타인에게 피드백 부탁	

나는 어떤
강의 스타일인가?

　　유머감각이 뒤떨어지는 것을 참기 어려워하는 한진지 강사가 서점에서 책을 골랐다. 그리고『남보다 더 재미있게 말하는 법』『청중을 반하게 하는 유머의 기술』『스피치의 달인은 유머로 통한다』같은 책들을 단숨에 읽어 내려갔다. 하나같이 유머감각도 얼마든지 개발할 수 있고 누구나 자유롭게 유머를 구사할 수 있다는 내용이다. 한 강사는 책에서 이야기한 대로 열심히 준비했다. 다른 사람들이 들려준 몇 개의 유머 에피소드도 달달 외웠다. 다가오는 직무강의에 활용할 예정이었다.

　　논리 정연하게 시작된 그녀의 강의, 그녀도 청중도 사뭇 진지해질 찰나, 돌연 한진지 강사가 유머를 구사한다며 반전을 시도했다. 그런데 반응이 썰렁하기만 하다. 청중이 속으로 '어쩜 재미있는 이야기를 저런 식으로 말하는가?'라고 말하는 것 같았다. '그랬구나' '난 유머와는 잘 맞지 않아' 하며 한진지 강사는 또다시 진지해졌다.

나의 강의 스타일은?

유머가 잘 통하지 않고 활용이 서투르다면 과감하게 포기하는 게 낫다. 유머를 진지하게 하는 사람과 상대방의 유머를 진지한 표정으로 받아 적는 사람 모두 유머 스타일과 거리가 멀다.

유머만이 아니다. 강의도 내게 맞는, 내가 할 수 있는 스타일로 접근해야 한다. 생각해보라, 당연한 것 아닌가? 시종일관 논리적이고 때론 비장하기까지 한 강사에게 유머코드를 기대한다는 것 자체가 무리다. 강의 스타일의 기조는 좀처럼 변하지 않는다. 화끈하고 에너지 넘치는 강사가 어느 날 갑자기 조곤조곤한 강사로 탈바꿈하기란 거의 불가능하다.

사실 본인의 강의 스타일은 강사 자신이 가장 잘 안다. 자신이 강의를 파워풀하게 하는지, 섬세하고 감성적으로 하는지, 매우 논리적으로 하는지, 재미나게 하는지, 별 특색 없이 밋밋하게 하는지를……. 원래 스타일을 벗어나 강의했다면 강사가 열심히 준비해 잠시 그랬을 수 있다. 한마디 유머까지 연습하고 또 연습해서 무난하게 소화해내는 강사도 있다. 그러나 아무리 연습을 많이 해도 원래 자신의 스타일을 바꾸기란 어렵다.

강의 스타일과 관련해 몇 가지 유형을 한번 진단해보자. 진단 결과, 자신이 어떤 스타일에 어느 정도의 비중이 있는지를 살펴보자. 그리고 나서 자신에게 가장 잘 맞는 강의 스타일에 맞추어 전략적으로 강의 기획을 수립해야 한다.

우선 주어진 항목의 오른쪽 하얀색 공란에 숫자를 적는다. 진단 후 각각의 세로축 항목의 점수를 합산해서 맨 아래 칸에 적어보자. 각 세로축별로 강의 스타일을 나타내는데 첫 번째 축은 강의를 임팩트 있고 강하게 치고 나가는 주도형, 두 번째 축은 강의를 여성적인 섬세함과 감성으로 이끄는 온정형, 세 번째 축은 분석지향적으로 논리적이고 합리적인 표현방식을 지닌 신중형, 네 번째 축은 강의를 창의적이고 흥미있게 이끄는 개방형, 다섯 번째 축은 정형화된 강의를 지향하고 수동적 성향의 의존형을 나타낸다.

각각 축의 합산점수를 보자. 점수가 12점 이상이면 해당 스타일이 상당히 센 것이며, 7~11이면 중간 또는 그 이상, 4~10이면 중간 이하, 0~3점이면 그 기질이 약함을 나타낸다. 나의 강의 스타일에서 주도형, 온정형, 신중형, 개방형, 의존형 기질이 어느 정도 나타나는지 잘 살펴보자.

이는 강사들마다 제각각 다르게 나타난다. 만일 어느 강사가 10,

나의 강의 스타일 진단

1	내 주관대로 강의를 진행해나갈 수 있다.					
2	강의 시 청중의 입장을 많이 고려하고 있다.					
3	자료를 꼼꼼하게 수집해 잘 만들 수 있다.					
4	나름대로 독특하게 강의를 해보려고 한다.					
5	어떠한 상황이나 요구에 비교적 순응하는 편이다.					
6	강의가 잘되지 않으면 화가 날 것 같다.					
7	주어진 내용을 곧이곧대로 전달하는 것을 싫어한다.					
8	조금 소극적인 성격이다.					
9	내가 상사라면 강의 활동에 간섭하고 관여하려 할 것이다.					
10	논리적으로 정해진 틀과 형식을 중요시한다.					
11	시나리오식 강의에 익숙지 않다.					
12	강의 후 청중의 만족도 평가를 의식한다.					
13	강의 전 계획과 준비를 철저히 한다.					
14	개성 있고 창의적인 표현을 하려고 노력한다.					
15	주관적인 표현을 하지 않으려고 노력한다.					
16	항상 객관적이고 이성적인 판단을 하려 한다.					
17	때로는 감정이 섬세하다는 말을 듣는다.					
18	나의 의견에 대해서 신념을 갖고 주장한다.					
19	호기심과 흥미를 잘 나타낸다.					
20	상대방의 질문이나 요구를 좀처럼 거절하지 못한다.					
21	생각하지 않고 곧바로 행동하는 경우가 더 많다.					
22	수치나 도표 감각이 있다.					
23	어감이나 표현이 부드러운 편이다.					
24	강하게 주장하지 못하며 결정을 빨리 하지 못하는 편이다.					
25	강의에 대한 목표 감각이 뚜렷하다.					
	총점					

3점 - 나는 항상 그렇다. 또는 그럴 것이다.

2점 - 나는 비교적, 어느 정도 그렇다. 또는 그럴 것이다.

1점 - 나는 어쩌다 한두 번, 간혹 그렇다. 또는 그럴 것이다.

0점 - 나는 전혀 그렇지 않다. 또는 그렇지 않을 것이다.

명강사 강의기획

8, 13, 3, 6의 점수로 체크되었다면 이 강사는 매우 분석적이고 꼼꼼하면서 임팩트하게 강의하는 스타일이다. 마치 군인들이 브리핑하는 것처럼 강의를 할 수 있다.

강점은 강화하고 단점은 보완하라

자신의 강의 스타일을 확인했다면, 그러려니 하고 그것에만 맞추어 강의해야 할 것인가? 아니다. 조금씩 자신을 더 좋은 방향으로 다듬어가야 한다. 스타일을 완전히 바꿀 수는 없지만 경험과 학습과 훈련을 통해 어느 정도 개선은 가능하다.

'강화'라는 말이 있다. 이는 더 강하고 튼튼하게 해서 수준을 더욱 높인다는 뜻이다. 또 '보완'은 모자라거나 부족한 것을 보충해 온전하게 만든다는 뜻이다. 강의는 자신의 강점은 강화하고 부족한 점은 보완하면 된다. 물론 말처럼 쉽지만은 않다.

앞에서 이야기한 각각의 강의 스타일은 제각각 장점과 단점이 있다. 주도형은 강한 어조와 임팩트로 청중을 장악하는 장점이 있지만 거칠고 투박해질 수 있다는 점이 우려된다. 온정형은 섬세한 감성을 바탕으로 청중과 교감하고 그들을 배려할 수 있지만 주도형의 장점인 임팩트가 부족할 수 있고 지나친 배려로 상대방을 부담스럽게 할 수 있다. 꼼꼼한 신중형은 논리 정연한 강의를 자랑하지만 스케일이 작아 사소한 콘텐츠에 민감할 수 있고, 건조하고 깐깐한 느낌을 줄 수 있다. 재치와 창의로 흥미 있는 강의를 진행할 수 있는 개방형은 재미는 있지만 알맹이가 없는 강의라는 혹평에 시달릴 수 있다. 언제나 큰 변화 없이 무난함을 추구하는 말 잘 듣는 의존형은 지나치게 소극적, 방어적일 수 있다는 평가에서 자유롭지 못하다.

결국 대표적인 5개 스타일은 나름대로 장단점이 있는데, 이 중 나에게 가장 높게 나타난 스타일의 장점을 찾아 강화하는 것이다. 5개의 스타일 중 가장 점수가 낮게 나타난 부분에서는 개선의 포인트를 찾는다. 주도형이 낮으면 힘없고 맥 빠지는 강의를 우려할 수 있고, 온정형이 낮으면 감성이 메마르고 청중을 무시하는 성향을 조심해야 한다. 신중형이 낮아 덤벙대고 산만한 강의를 하면 더 최악일

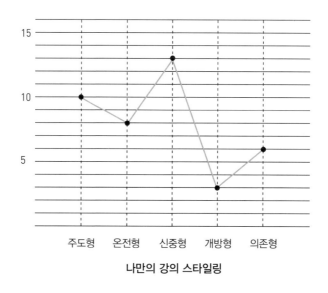

나만의 강의 스타일링

수 있고, 개방형이 부족해 지독히 재미없는 강의를 감내해야 하는 청중은 더 고통스럽다. 의존형이 낮으면 제멋대로, 제 고집대로 궤변을 늘어놓을 수 있으니 또한 경계해야 한다. 그래서 낮은 부분은 끌어올려 보완해나가야 한다. 그러면 위의 스타일 진단결과 10, 8, 13, 3, 6이라는 점수가 나온 강사는 어떤 식으로 스타일링을 해야 할까?

일단 신중도가 가장 높으니 이성적 판단에 근거한 논리적 강의의 강점은 더욱 살린다. 그리고 가장 낮은 개방형 속성은 유연성을 보완하는 쪽으로 방향을 잡는 게 좋다. 우선 섣부른 유머 활용은 자제해야 한다. 어느 정도 낮은 의존성은 잘 끌어올려 고집을 억제하고, 자신이 갖는 주도성과 공격성을 적절하게 관리하면 무난하다.

강한 논리로 청중을 휘어잡으려는 강사지만 자기중심적인 기질을 개선해 청중과 상호작용을 많이 함으로써 강함 속에 부드러움을 가끔 보여준다면 더욱 발전된 강의 역량을 발휘할 수 있다. 강한 부분은 업그레이드하고 약한 부분만 보완하는 것이다.

강사 본연의 스타일은 바꿀 수 없지만, 세부적인 스타일 조각은 얼마든지 기획 조정을 할 수 있으니 거기에 맞추어 변화를 추구해보자.

강의 스타일별 강의 전략

구분	장단점	강의 전략
주도형 (강경한 스타일)	• 자기 주장이 강함 • 급한 성향 • 비판적, 통제적	• 임팩트한 장점 살리기 • 지나친 주도성 배제 • 즉흥적이고 급한 반응 자제 • 주입식 교육 지양
온정형 (부드러운 스타일)	• 차분함 • 배려적 • 간섭이 있음	• 분위기 고려한 간접화법 • 편안하고 자연스럽게 • 교육생 배려
신중형 (꼼꼼한 스타일)	• 논리적, 분석적 • 사실 위주의 객관성 보유 • 치밀하고 꼼꼼함	• 논리적이고 조리있는 표현 • 신선한 데이터 제시 • 계량적 이미지 표현
개방형 (우호적인 스타일)	• 낙천적, 창의적 • 변화를 추구 • 유머감각 있음	• 활기차고 생기있게 • 흥미유도, 시각적 효과 고려 • 내용상의 변화 추구
의존형 (사무적인 스타일)	• 정형화된 틀 선호 • 경험과 형식 중시 • 소극적, 내성적	• 풍부한 현실사례 이야기 • 순응과 공감유도 • 원리원칙의 성실한 강의

인상적인
제목 정하기

고객만족 서비스 전문강사인 공손혜 강사는 '고객응대 서비스' 관련 특강을 의뢰받았다. 회사 전 직원을 대상으로 하는 비교적 규모가 큰 강의였다. 공 강사는 여느 때와 다름없이 충실하게 강의를 준비했다. 파워포인트 슬라이드도 회사의 특성에 맞는 내용을 삽입하였다. 강의는 준비한 만큼 공 강사를 배신하지 않았다. 강의 기술과 내용이 직원들에게 많은 도움이 되었다는 이야기를 듣고 강사로서 보람을 느꼈다.

그런데 강의 후 교육담당자가 조금 아쉬운 듯한 표정으로 한마디를 꺼냈다.

"강사님, 다 좋은데 저희 홍보와 마케팅을 담당하는 직원들이 강사님 강의 제목에 독특함이 없다는 이야기를 하네요. 소수의견이니 너무 개의치는 마시구요."

공손혜 강사는 집에 와서 강의 제목이 적힌 파워포인트 슬라이드 표지를 다시 한 번 열어보았다.

"고객응대 기법"

강의 주제와는 맞지만 정말 밋밋한 제목이다.

제목은 강의 내용을 대변하고 암시한다

청중이 강사보다 먼저 접하는 것이 제목이다. 제목은 강의 일정표나 안내문을 통해 앞으로 있을 강의에 대해 알려주는 역할을 하기 때문이다. 기교를 부린 파워포인트 슬라이드를 보여주지 않고 말로만 강의를 하더라도 제목은 반드시 언급되거나 강의 제목이 있는 화면을 띄워 놓고 강의하는 경우가 대부분이다. 강의할 때 내용부터 펼쳐 놓는 강사나, 내용부터 먼저 듣기를 바라는 청중은 없다. 강의 제목은 결코 소홀히 할 수 없는 강의에 대한 첫인상이기도 하다.

따라서 첫인상을 인상적으로 남겨야 할 필요가 있다. 제목에는 해당 강의 주제를 암시하는 내용이 담겨 있어야 한다. 청중은 제목이 재치 없고 상투적이면 강의도 마찬가지일 것이라 생각한다. 제목을 담은 파워포인트 표지부터 심심하면 청중은 시각자료에 눈길을 주지 않는다.

강의 주제를 암시하는 것은 제목의 고유한 역할이다. 따라서 제목을 본 청중이 '아, 이런 강의가 전개되겠구나', '한번 들어볼까?' 하고 관심을 갖도록 유도해야 한다.

제목을 멋지게 잘 지으면 강의 의뢰도 더 많아질 수 있다. 주제를 암시하면서도 독특한 제목을 본 담당자들이 이를 보고 연락하는 경우도 있기 때문이다. 실제로 강의 제목과 커리큘럼 기획을 잘해 이른바 '교육 수주'를 잘 받아내는 강사와 업체도 있다(시쳇말로 제목으로 낚는 경우다). 같은 과목을 강의하더라도 상투적이고 평범한 제목보다 눈에 띄는 독창적인 제목이 인기를 얻는 것은 당연하다.

청중의 관심을 불러일으키는 제목을 지으려면 어떻게 해야 할까? 무엇보다 관심을 유발하는 인상적인 문구여야 한다. 예를 들어보자. 몇 년 전 D증권사 애널리스트가 2장짜리 보고서를 작성했는데, 제목이 기가 막힌다. 이 보고서 때문에 그 애널리스트는 억대 연봉을 제안받았다고도 한다.

그는 증시가 오를 것이라는 전망을 이야기하는 보고서에 제목을 "금리차 가치조정으로 증시 오름세 예상"이라고 하지 않고 "금리차 밸류에이션 조정으로 장세 폭발"이라고 적었다. 장세가 폭발하듯 클릭하는 조회수가 증가했다. 이렇듯 제목은 강의의 내용을 더욱 빛나게 하는 힘을 가졌다.

제목을 정할 때는 일상생활에서 우리가 종종 붙이는 스티커에 들어가는 문구처럼 쓰라는 말이 있다. 스티커는 해당 조직이나 상품 소개에 꼭 필요한 상징적인 내용과 이미지를 나타낸다. 너무 화려하지도 복잡하지도 않은, 단순하고 인상적인 스티커처럼 제목이나 표지를 만들어야 한다.

강의 교안에서 제목이 들어간 표지를 무슨 대단한 프레젠테이션인 것처럼 화려한 이미지로 작성해야 한다고 생각해 부담을 갖는 강사들이 있는데, 그럴 것까지는 없다. 강의 슬라이드 표지는 폼 나는 디자인보다는 내용에 걸맞은 적절한 비주얼을 선정하는 것이 더욱 효과적이다. 아울러 주제와 내용에 적합한 제목을 달아주는 것이 중요하다. 디자인 이미지는 직접 만들 필요없이 잘 찾아서 쓰면 된다. 다만 내용에 걸맞지 않은 이미지가 들어간 표지는 우선 사절이다. 대상자에게 전혀 맞지 않는 분위기를 풍기는 표지 만들기도 지양해야 한다.

다음 자료를 보라. 멋있다고, 세련되었다고 어디 가서 자료를 퍼온 것 같다. 이러한 표지는 '물'을 주제로 하는 강의나 강의 대상에나 어울린다. 그러나 이와 무관한 회사를 상대로 강의하면서 버젓이 이 표지를 강의 초반에 달아 놓을 것인가? 혹시라도 화력발전연구소나 가스 관련 회사를 만나면 큰코다친다.

보다 효율적인 고객 지원업무를 위한
고객관계경영(CRM)시스템 제안

표지와 제목에서 느껴지는 감정도 고려해야 한다. 산뜻하고 기분 좋은 내용의 강의라면 표지와 제목도 그러한 분위기를 풍겨야 한다. 다음 자료를 보면 '직장인의 재테크 활성화 방안'에 대한 강의를 하면서 화면은 어둡고, 괴로운 이미지를 전해준다. 차라리 '실패하는 직장인 재테크'라고 하는 게 어울린다.

자료를 다듬어주는 클릭 한 방 없이 표지에 큼지막하게 제목만 덩그러니 써놓은 강의안도 좋은 느낌을 주기 힘들다. 거듭 말하지만 표지는 강의의 첫인상으로서 얼굴과 같다. 좋은 첫인상을 심어줄 수 있도록 관심을 갖고 가꾸도록 하자.

직장인의 재태크 활성화 방안

창의적 슬로건이나 수식어를 덧붙여라

　고객에게 제안서를 보낼 때 단순히 '프레젠테이션 기법'을 강의한다고 하는 것보다는 창의적인 슬로건이나 수식어를 덧붙인 제목을 정하고 이를 반영한 표지를 만들어주면 좋다. '위풍당당 자기표현! 프레젠테이션 기법', '스마트 시대에 맞는 스마트한 프레젠테이션 기법.' 프레젠테이션 성격에 따라서 제목을 변형하면 더욱 좋다. 만일 학생들을 위한 면접 프레젠테이션 강의라면 '합격을 부르는 프레젠테이션 기법'도 괜찮다. 비즈니스 협상에서의 프레젠테이션 기법을 소개하는 강의라면 '계약 성공률을 높이는 프레젠테이션 기법' 또는 '언제나 이기는 프레젠테이션 기법'이라고 하면 훨씬 인상적인 느낌을 준다.

명강사 강의기획

앞의 사례에 나온 '고객응대'라는 강의 제목도 손질해야 한다. 어느 책 제목처럼 '고객응대 끝장내기'로 하든지 몇 초 만에 감동을 이끌어내는 '고객응대의 기술'이라고 하면 효과적이지 않을까? 강의 제목을 정할 때 창의적인 책 제목이나 광고문구처럼 오버할 필요까지는 없다. 그렇게 하면 청중이 더 난해해 할 수 있다. 쉽게 일반적인 강의 제목에 창의적인 슬로건이나 수식어를 달아준다고 생각하면 된다.

이러한 제목 만들기에도 일정한 조건이 있다

① 내용과 관련 있어야 한다: '셀프리더십'이 강의 주제인데, '더불어 소통하는 셀프리더십'이라고 하면 뭔가 맞지 않다. '나의 자존감 업그레이드! 셀프리더십'이 어떨까?

② 강하게 어필할 수 있어야 한다: 제목을 통해서 강의의 성과를 예측하게 하면 좋다. '제안서 작성 기법' 강의라면 '단번에 OK를 얻어내는 제안서 작성의 기술'이라고 할 때 조금은 과장되었다 해도 청중은 호감을 갖는다.

③ 흥미를 유발해야 한다: 단조로움보다는 흥미로움이 낫다. '창의력 사고개발 과정'보다는 '상상하라! 창의력 사고개발 과정'이라고 하면 더 흥미로워 보인다.

④ 트렌드를 반영해야 한다: '시간정보관리' 강의를 할 때 '디지털 시대에 걸맞은 시간정보관리'보다는 '빅데이터 시대를 앞서가는 스

마트한 시간정보관리'라고 하면 청중이 한 번 더 봐주지 않을까 싶다.

특히 이러한 인상적인 제목은 홍보를 통해 공개 특강이나 강좌를 유도할 때 매우 파급력이 강하다. 강의 내용은 매우 좋은데 제목을 잘 피력하지 못해 청중 모집에 실패하는 강의가 많기 때문이다. 반대로 제목 하나에 청중이 낚일 수도 있다.

물론, 제목 이전에 강사 자신이 남들과 다른 차별성이 있는 주제와 콘텐츠를 갖는 것이 전제조건이다. 남들과 똑같은 주제의 강의로는 경쟁우위를 확보하지 못한다. 제목 또한 밋밋하면 경쟁력이 떨어진다. 따라서 제목은 강렬한 인상을 남겨야 한다.

"잘 지은 제목 슬라이드 한 장, 열 내용 슬라이드 부럽지 않다."

한눈에 들어오는
강의 계획 조감도

    이거만 강사는 기분이 좋았다. 정확히 1년 전 강의를 했던 모회사에서 그를 다시 찾았기 때문이다. 이번엔 다른 주제로 강의를 의뢰해왔다. 교육생도 물론 달랐다. 지난해 강의가 본사 교육이었다면 이번엔 현장지사 교육생 교육이다. 강의 준비는 어렵지 않았다. 평소에 자주 활용하는 반응 좋은 콘텐츠와 스팟(spot) 유머 슬라이드를 준비하고 함께 실습할 수 있는 교육게임도 교안에 추가했다.

    이거만 강사는 이 정도면 지사에서도 자신의 강의 실력을 알아주겠지 하며 내심 다른 지사에서도 강의를 의뢰할 것이라는 기대감도 가졌다. 자신이 생각하기에 큰 문제가 없다고 생각했다. 적어도 그가 강의 현장에 도착할 때까지는 그랬다.

　그를 당혹케 하는 상황은 곳곳에서 지뢰가 터지듯 발생했다. 무엇보다 교육생 중 몇 명은 1년 전에 그에게 강의를 들었던 사람들이었다. 주제는 달랐지만, 그가 제시하는 강의 팁과 심지어 일부 콘텐츠들은 그의 강의를 한 번이라도 들어봤던 사람들에게는 색다를 게 없었다.

　실습을 하기에도 난감했다. 좌석이 고정석이었는데, 100명이 넘는 인원을 수용할 수 있는 공간이 강당밖에 없었기 때문이다. 그가 준비한 실습은 서로 얼굴을 맞대고 전지에 뭔가 그려보고 토의하는 것인데, 도저히 할 수 없었다. 이 강사의 이마에 식은땀이 맺혔다. 설상가상으로 그를 곤욕스럽게 하는 것이 또 있었다. 강당이라 프로젝터와 스크린만 있을 뿐 판서할 화이트보드가 없었다. 그는 강의할 때면 종종 화이트보드를 이용한다. 그래야 실력 발휘가 가능하기 때문이다.

　순발력을 동원해 강의 내용을 중간중간 바꾸고 다른 방식으로 진행할 방법을 모색했지만 원활한 강의를 하기에는 역부족이었다. 오히려 강의 내용이 뒤엉켜버렸다. 강의가 크게 실패하지는 않았지만 결코 성공한 강의도 아니었다. 이거만 강사는 다시 한 번 세심한 강의 준비의 필요성을 절감했다.

단 한 줄의 분명한 강의 목표

목표란 '일정 기간에 도달 또는 달성하고자 하는 바람직한 수준'을 뜻한다. 목표가 중요한 것은 그것이 없다면 결국 하고자 하는 바가 없는 것과 마찬가지이기 때문이다. 인생의 목표가 없다고 해보자. 그저 하루하루 대충 살게 되니 얼마나 안타까운 일인가? 강의도 목표가 있어야 한다. 강의 목표는 '강의를 통해 청중이나 학습자에게 달성되기를 기대하는 수준'이다.

강의 목표를 설정하지 않는 것은 강의가 끝날 때까지 그럭저럭 시간을 때우려는 것과 같다. 목표가 없는 강의는 학습자의 변화를 불러일으키지 못한다. 강의 기획에서 분명한 목표를 설정해놓자.

강의를 따내기 위해서 제안서에 그럴싸하게 좋은 말만 써놓은 학습 목표는 전시(display)용에 지나지 않는다. 강의를 통해 전달하려는 강사의 의도가 명확하게 담긴, 강의의 가이드라인을 단숨에 피력하고 모든 강의 자원을 집중시키기 위한 현실적인 한 줄의 목표를 써야 한다.

가령 '기획문서 작성' 강의라고 해보자. 제안서상 기술된 다음과 같은 목표는 화려하기 그지없다. 좋은 말들은 모두 가져왔다. 이대로만 하면 인생이 바뀌고 세상이 뒤집어지는 목표다.

① 상사나 고객이 원하는 문서를 작성할 수 있다.

② 문서 작성 절차를 습득하고 핵심 노하우를 체득할 수 있다.

③ 세련되고 품위 있는 문서 작성을 생활화할 수 있다.

이렇게 막연한 목표는 피하는 게 좋다. 강의 기획의 목표는 한 번에 한 줄로 끝내자. 한 줄의 목표를 이렇게 정해보자. "현업 문서 작성에 필요한 제반 방법론을 익혀 문서를 작성할 때 겪는 막연함을 극복할 수 있다." 창의력 강의라면 "적어도 '창의적'이라는 용어를 어느 정도 현장에 적용할 수 있다." 이렇게 목표를 설정해보면 어떨까? (하지만 이러한 목표는 제출용 제안서와는 별개다.)

강의 목표는 학습 목표이자 강의의 최종 도달점이다. 이를 정해야 강의의 방향이 명확해진다. 군인은 전투를 하기 전에 가장 먼저 탈환하고자 하는 목표를 정한다. 주요 거점이든 고지든 목표가 정해지면 작전이 개시되듯이, 강의 목표가 정해져야 비로소 강의 준비가 이루어지고 실행 계획으로 옮겨진다.

강의 준비는 전방위로

강의 내용을 만들고 교안을 다듬는 것만이 강의 준비라고 한다면 그 강사는 산에 올라갈 때 재킷과 등산화만을 착용하고 가는 것과 같다. 강의의 성패는 간혹 강사의 강의 기술과 콘텐츠 이외의 요소에서 좌우되기도 한다. 특히 준비가 부족해 상황 대응에 실패하는 경우가 많다.

강의 준비를 할 때는 제반사항을 꼼꼼하게 확인하고 점검해야 한다. 강사들은 강의를 잘할 수 있으니까 자신하고, 강의를 의뢰한 담당자는 으레 강사가 알아서 잘하겠거니 하고 안심하다가 예상치 못한 상황에 서로가 난감해 할 때가 있다.

어떠한 이유에서건 강의 중 발생하는 모든 사고는 다 강사 책임이다. 강사들은 강의 시작 전까지 긴장을 늦추지 않아야 하고 강의 기획에서 최소한의 안전장치를 마련해놓아야 한다. 강의 중 발생하는 사고의 상당수는 정보 부족 때문이다. 따라서 정보가 많아야 사고를 미연에 방지할 수 있다.

담당자가 귀찮아할 정도로, 거의 취조하듯이 강의 준비에 조금이라도 도움 되는 정보가 있다면 하나라도 더 알아내야 한다. 미리 강사에게 친절하게 강의 준비에 대한 모든 변수를 이야기하는 담당자는 극히 드물다. 그들은 강사에게 강의에 대한 최소한의 정보를 제공해도 훌륭한 강의를 진행해줄 것이라 기대한다.

결과가 다소 안 좋게 나오면 그는 업무상의 질책만을 감수하면 되지만 강사는 다시는 그곳에 발을 들여놓지 못하게 된다. 그러니 목마른 자가 우물을 파는 심정으로, 하나라도 더 부탁하고 매달려야 하는 것이다.

강의를 준비하면서 확인해야 할 것은 의외로 많다. 가장 중요한 요소는 뭐니뭐니 해도 학습자 파악이다. 학습자, 즉 청중에 대한 정보 파악은 아무리 강조해도 지나침이 없다. 청중의 직급, 연령대, 성별, 학력 분포, 수준뿐 아니라 성향 등을 면밀하게 살펴야 하며 특별한 청중이 없는지 짚고 넘어가야 한다. 앞에서 이야기했듯이 한 명이라도 전에 강의를 들었던 청중이 있다면 중복되는 내용이 없는지도 고려해야 한다.

이 밖에도 강의를 준비할 때 유의할 점으로 소프트웨어와 하드웨어적 측면이 있다. 파워포인트 프로그램, 교재파일 점검 등은 소프트웨어적 부분이며 노트북과 프로젝터, 스피커 같은 관련 장비와 강의 진행에 필요한 실습도구들은 하드웨어적 부분이다. 두 가지 준비 상태가 골고루 안정적이어야 강의도 차질없이 진행된다.

종합적인 '강의 계획 조감도'를 작성하라

'조감도(鳥瞰圖)'란 말 그대로 '새가 하늘에서 내려다보듯 땅의 기복을 표현한 지도'를 뜻한다. 건축 용어라면 '높은 곳에서 해당 건축물이 내려다보이는 모양을 담은 도면'이라는 뜻이다. 이 조감도는 한눈에 건축물 전체를 파악하는 데 유용하다.

강의도 그렇다. 강의에 대한 모든 것을 한눈에 파악하기 위해서 강의 계획 시 '조감도'를 작성해보는 것은 어떨까? 조감도는 한 장이면

족하다. 조감도 한 장에 강의에 필요한 모든 것을 적어놓으면 된다. 잘 작성된 조감도가 있다면, 강의에 임박해서 담당자가 보낸 메일을 다시 확인할 필요가 없고, 회사 홈페이지를 뒤적거리거나, 교육환경이나 청중의 상태를 다시 묻는 실례를 범하지 않아도 된다.

조감도는 양식만 컴퓨터작업을 해서 준비하고, 강의를 준비하면서 그때그때 수작업으로 기입하는 것이 효과적이다. 세부사항은 포스트잇에 써서 조감도에 붙여놓아도 된다. 강사 자신만의 것이니 형식이나 내용에 구애받지 말자. 조감도에 빼꼼히 무언가 적혀 있거나 붙어 있다면 강의 준비를 잘한 것이다.

일반적으로 조감도에 기입해야 할 사항은 다음과 같다.

① 강의 개요(주제, 목표, 일시, 장소, 대상, 전반적인 강의 일정표)

② 대상자 정보

  - 대상 회사(기관): 하는 일, 상품이나 서비스, 인재상, 기업문화 등

  - 청중: 청중의 수, 연령대, 남녀비율, 학력, 수준, 핵심인물 등

  * 일반 형태 혹은 팀단위 학습인지 파악

③ 교육 니즈(요구사항)

  - 회사에서 원하는 내용, 강의에서 다루어주었으면 하는 사항들

  - 담당자 이야기 등

④ 교육장 환경(레이아웃, 시설 및 기자재 등)

⑤ 강의 준비물(포인터, 실습도구, 필기구 등)

⑥ 기타 특이사항

  - 교육 분위기(앞 시간 등)

  - 발생한 상황

  - 고려해야 하거나 착안해야 할 요소, 참고사항 등

이렇게 작성한 강의 계획 조감도를 컴퓨터 모니터 옆에 걸어두거나 키보드 옆처럼 잘 보이는 곳에 붙여둔다. 스마트폰으로 촬영해서 언제든 열어봐도 좋다. 그래야만 강의 준비를 하면서, 강의 교안을 만들면서 알게 된 사항들이나 강의의 핵심 포인트 또는 착안사항 등을 그때그때 추가할 수 있다. 강의하러 갈 때 조감도 한 장을 마치 수

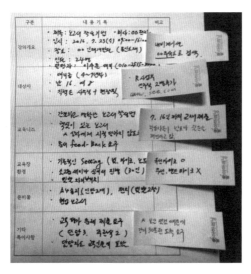

강의 계획 조감도 페이퍼 워킹

행비서와 동행하듯 갖고 가면 된다. 강의 계획 조감도는 곧 교육 니즈를 정확히 반영하는 것이기도 하다. 강의에 대한 요구사항을 빠짐없이 기록하고 확인하면 적어도 상대방의 의도에 빗나가는 강의는 하지 않게 된다.

또한 강의장에 일찍 도착해서 시간이 남으면 조감도를 보면서 제반사항을 되짚어보는 센스도 발휘할 수 있다. 어쩌다 강사의 조감도를 본 담당자는 강사의 성의 있는 준비에 탄복해 더욱 호감을 갖지 않을까? 새가 하늘에서 내려다보는 조감도를 활용해 새가 날아가는 것처럼 원활하게 강의를 해보도록 하자.

강의 계획 조감도 요소별 준비 체크리스트

구분	체크리스트	확인 여부	
		o	x
강의 개요	• 강의에 대한 일반적인 정보를 확인했는가? (일시, 장소, 교육 대상, 제목, 주요 교육 내용) • 스케줄표에 정확히 반영했는가?		
대상자	• 대상 회사에 대한 정보를 수집했는가? • 대상자의 성향(조직문화 또는 개인의 스타일)을 확인했는가? • 청중에 대한 전반적인 분석을 마쳤는가? (성별, 직급, 나이, 수준 등)		
교육 니즈	• 요구하는 필요점을 꼼꼼히 확인했는가? • 니즈를 반영하는 데 어려움은 없는가?		
교육장 환경	• 장소와 소요시간 등을 파악했는가? • 교육장 환경과 설비, 기자재 등을 확인했는가?		
준비물	• 기본적으로 갖춰야 할 준비물을 확인했는가? • 교육생 실습에 필요한 준비물을 확인했는가? • 특별히 준비해야 할 준비물 여부를 파악했는가?		
기타 특이사항	• 담당자로부터 교육에 대한 특이사항을 전달받았는가? • 교육 중 특별히 고려하고 착안해야 할 사항이 있는지 확인했는가?		

내 강의의
제약조건을 찾아라

고수인 강사는 결코 실패하지 않는 강의를 자랑한다. 독특하고 풍부한 콘텐츠, 넉살 좋은 입담, 역동적인 몸짓에 청중을 리드할 수 있는 역량까지 가졌다. 강의 내내 청중을 쥐락펴락하는 개인기는 가히 압도적이다.

그런 그가 어느 날 강의에서 실력을 발휘하기 힘든 상황이 발생했다. 원인은 아주 작은 부분에 있었다. 그는 회사 로비에 붙어 있는 사훈 같은 모토를 사전에 파악하지 못했다.

"하면 된다! 안 되면 되게 하라!"

해당 기업의 사장님이 늘 강조하는 문구란다. 그런데 고 강사의 열정적인 강의는 이를 무력화시키는 정반대의 내용이었다.

"되면 한다! 안 되면 포기하고 다른 방향을 찾아라!"

청중은 즐거워했을지 몰라도 이를 지켜본 의사결정자는 어땠을까? 내심 불쾌함을 느꼈음은 불을 보듯 뻔하다. 담당자도 난감했다. 어떤 기업이 흑자를 내고도 도산 위기에 빠진 것처럼 강의를 잘했음에도 실패한 강의가 되고 말았다. 고수인 강사는 이후 해당 회사로부터 어떠한 강의 의뢰도 받지 못했다.

도처에 장애물은 존재한다

강의를 하다 보면 의외의 복병을 만날 때가 종종 있다. 정말 예상 밖의 돌발변수 때문에 자칫 강의의 초점이 맞지 않아 강사들을 당황케 한다. 강의할 때 발생할 수 있는 각종 제한요소와 장애요소들은 기획 단계에서 미리 조사해 사전에 예방조치를 취하도록 한다. 미리 대응하지 못하면 자칫 문제가 심각해질 수 있다.

어떤 강사는 동명의 다른 회사가 있는 줄 모르고 엉뚱한 이야기를 하기도 하고, 또 어느 강사는 괜히 아는 척하다가 경쟁사 제품을 칭찬해 고객을 불쾌하게 했다고 한다. 이외에도 사소하지만 제한요소를 미리 파악하지 못해 본의 아니게 실례를 범한 경우는 비일비재하다.

강의 교안에 이전 강의에 쓰던 다른 회사 마크를 파워포인트 슬라이드 마스터로 설정해 놓아 쑥스러워했던 경험, 미처 업데이트하지 않아 강의 중 불쑥 튀어나온 철 지난 통계자료(가령 매출액 증감추이 분석 자료가 3년 전 것, 최근 매출이 늘어난 회사라면 짜증이 날 듯)에 미안해했던 일, 강의 대상자들의 보수적이고 방어적인 성향과 문화를 이해 못 한 채 발표와 실습을 시켜서 강의 평가 설문지에 강사가 자꾸 시켜 부담된다는 클레임을 받았던 사례 등 다양하다. 이런 사례들은 강의 전에 제한요소를 확인하는 게 얼마나 중요한지를 깨닫게 한다.

『깨진 유리창의 법칙』이라는 책이 있다. 실험을 했다. A라는 자동차와 B라는 자동차의 앞 보닛을 똑같이 활짝 열어놓고 A라는 자동차는 창문을 단단히 닫고, B라는 자동차만 유리창을 깨뜨려 공원에 일주일 동안 방치했다. 그랬더니 A자동차는 아무 이상이 없고, B자동차만 내부가 엉망진창이 되었다. 사소하다고 생각한 깨진 유리창 하나가 어떠한 결과를 초래했는지를 보여주는 교훈이다. 이처럼 실패하는 강의는 사소한 것에서 비롯되었을 수 있다.

나의 강의에 간혹 금이 가거나 깨진 곳은 없는지 미리미리 꼼꼼하게 챙기고 살펴야 한다. 적어도 해당 기관의 홈페이지에 들어가 그곳이 어떤 곳인지 확인해보고, 강의 대상자에 대해서도 미리 조사해봐야 한다.

강의 교안에 허점이 없는지 계속 넘겨보고, 강의할 때 고려해야 할 제약사항들을 어딘가에 꼼꼼히 기록해놓는 것도 지혜로운 강의 기획 활동이다. 만일 대상자가 보수적이라면, 다 그렇지는 않겠지만,

강의에 대한 리액션이 약하고 뭔가 하라고 시키면 심하게 부담스러워 할 수 있다. 이러한 시시콜콜한 것들까지도 죄다 적어놓자.

> 앞에 나와 발표하는 것을 싫어한다.
> 질문을 잘하지 않는다.
> 반응이 수동적이고 유머가 잘 통하지 않는다.
> ……

이를 교안으로 만들거나 전반적인 강의를 준비할 때 고려해야 할 강의의 장애물로 삼고 대처해야 한다. 한편 강사 자신의 컨디션도 매우 중요한 변수다. 강사들에게는 중요한 철칙이 있다. 강의 전날은 절대 무리하거나 특히 술을 마시면 안 된다. 모임이나 심지어 초상집에 가서도 일찍 나와야 한다. 그래서 강사는 참 힘든 직업인데, 이렇게 자기 관리를 잘해야만 강사로서의 생명력도 길어진다. 나 자신의 제한요소는 다른 어느 것보다도 우선시해 철저히 관리해야만 한다.

'강의 오점노트'를 만들어 활용하라

학교에서 시험을 치르고 나서 틀린 문제를 오답노트에 옮겨 적고 '다시는 동일한 문제를 틀리지 않겠다'며 곱씹은 적이 있을 것이다.

강의에서도 오점노트를 만들어 더 이상의 시행착오를 경험하지 않도록 하는 것이 매우 중요하다.

하지만 그 이전에 강의 오점노트에 적을 내용이 없을 정도로 완벽을 기하는 것이 더 현명하리라. 완전무결한 사람이 없는 것처럼 무결점 강의는 없다고 가정할 때 오점노트를 활용해 실수를 거울삼아 발전을 도모해야 한다. 결국 '강의 오점노트'는 시행착오를 통해 차후 실패를 최소화하는 측면에서 충분히 권장할 만하다.

강의 오점노트는 메모카드 형식으로 작성하거나, 스마트폰에서 별도의 메모어플을 활용해 언제 어디서든지 열어볼 수 있게 만들어놓는다. 이를테면 앞서 언급했던 제한사항과 오점 사항을 함께 적어두면 어떨까? 양식은 크게 신경 쓰지 말고, 내용물만 잘 채우면 된다. 다음의 간단한 포맷과 작성을 참고하자.

자동차 한 대를 팔기까지 담당 딜러는 잠재 고객에게 엄청난 공을 들인다. 고객이 원하는 견적을 뽑고 취향에 맞는 옵션 사양까지 꼼꼼하게 기획해 제시한다. 이때 차량의 장점이라는 장점은 죄다 끌어모아 고객의 환심을 사려 한다. 하지만 해당 차량의 제한요소를 정확하게 이야기해주는 딜러는 거의 없다. 차량에 대한 칭찬 일색은 고객이 구매를 결정하고 차량을 인도할 때까지 정점을 찍는다.

이후에 고객이 차를 타고 다니면서 발생하는 내외부 요인에 따른 각종 결함, 정비사항, 미처 몰랐던 제한점 등은 딜러가 아닌 정비센터가 맡는다. 딜러는 A/S에는 거의 관여하지 않고 가끔 고객의 안부

강의 오점노트

강의 일시 대상 / 주제	오점 사항 (제한점 / 실수 및 오점 기록)	결과 (조치 여부)	비고 (교훈 등)
2016. 7. 23 ○○기업 기획문서 작성	파워포인트 문서를 다루지 않는 교육생들이 대부분(주로 엑셀 활용) 주로 정형화된 기획문서를 다루어 창의적인 제안서 작성과는 거리가 있음 특히 PPT 비주얼 부분에 대한 접근은 배제하는 것이 바람직	초반 당황 일부 상대적인 반응 평가 즉흥적인 강의 방향 선회	대상자들의 활용 프로그램에 대한 명확한 조사와 수준 파악이 선 행되어야 함

와 더불어 차량의 안부만 물을 뿐이다.

문제는 A/S를 받기 전까지의 차량에 대한 제약조건은 잘 드러나지 않는다는 데 있다. 강의를 의뢰하는 사람을 딜러, 강사를 고객이라고 한다면 강의 의뢰자는 강사에게 자신들의 제한점이나 변화된 정보를 구체적으로 이야기하지 않는다. 이후 강의에서 발생하는 모든 문제는 강사가 감수해야 할 몫이다.

강의의 상황 대응에서 골든타임이 정해져 있는 것도 아니다. 일이 발생한 것 자체가 문제라 잘 처리했다 하더라도 여파는 남을 수 있다. 더구나 강의는 A/S 자체가 불가피하니 만회하기가 힘들다. 담당자들은 강의 피드백 결과로 강사들에게 무언의 질책을 한다. 자신이 딜러 역할을 충분히 하지 않았음에도 강의가 좋지 않았다면 그가 있는 동안에는 강사에게 강의 기회를 박탈하는 초강수를 둔다. 다소 비극적인 표현일지 모르겠지만, 그래서 강사들은 담당자에게도 을이 되고 학습자(교육생)에게도 을이 될 때가 있다.

　강사들은 어떻게 해서든지 강의 제한요소가 발생하지 않도록 해야
하며 만일 강의 중에 문제가 생겼다면 다음에는 동일한 실수를 하지
않도록 그것을 철저하게 반면교사의 교훈으로 삼아야 한다.

강의 요소별 제한사항 목록

구분	제한사항	비고
강사	• 강사의 건강상태 악화 및 컨디션 저하 • 이동수단(자가운전, 대중교통)의 불편, 시간적 여유 부족 • 담당자의 지나친 간섭과 통제	
청중 (학습자)	• 동기부여가 되어 있지 않은 청중 • 리액션이 약한 청중 • 일부 교육에 대해 반감이 있는 청중 • 전날 무리한 일정(회식 등)으로 인한 교육 집중 곤란 또는 상태 변화 • 기대 이상 또는 이하의 청중 수준 • 상대적 격차 심화, 문화적 이질감 • 학습자 통제 수단의 결여	
상황	• 교육 중 긴박한 상황 발생(화재, 위험요소 등) • 분위기에 영향을 미치는 사건 발생(승진자 발표 등) • 교육 중 영향력 있는 사람(CEO 등)의 방문 또는 점검 행위 • 강의 중에 발생하는 각종 우발 상황(장비 미작동 등)	
환경	• 열악한 강의장 시설(디스플레이, 음향 등) • 사용이 불편하거나 성능이 떨어지는 장비(마이크, 프로젝터) • 실습이 용이하지 않은 교육장 레이아웃 • 주변의 소음 • 부적절한 실내온도 및 통풍 환경(에어컨 미설치 등)	
기타	• 갑작스런 강의 일정 또는 시간의 변경 • 천재지변, 국가적 사태 발생(재난, 질병 등)	

처음 3분의 승부사!
오프닝 기획

"안녕하십니까? 오늘 강의를 진행하게 될 허시도 강사입니다. 기분 좋은 상쾌한 아침입니다. 여러분 만나서 반갑구요……." 이렇게 오프닝하면서 강의를 시작하려는 찰나, 허 강사는 아차 싶었다. 재빨리 청중의 얼굴을 살폈다. 역시나 '강사가 왜 이런 표현을 했을까?'라는 표정이 역력하다. 오프닝멘트, 특별히 문제될 것이 없는데 도대체 무엇이 잘못되었을까?

허 강사가 강의를 한 그날은 바로 2014년 4월 18일! 전 국민을 슬픔의 도가니에 잠기게 했던 세월호 참사가 일어난 지 이틀째 되던 날이었다. '기분 좋은 상쾌한 아침'이라는 표현은 시기적으로 부적절했다. 허 강사는 강의의 오프닝에 대해 조금 더 신중해야 했다. "세월호 사건으로 모두가 힘드시겠지만 교육에서나마 힘을 내시기 바랍니다. 제가 강의를 통해 도움될 수 있도록 노력하겠습니다"라고 현 상황을 위로하는 오프닝이면 좋았을 것이다.

허 강사가 화면에 띄운 스마일 오프닝도 개념 없는 이미지밖에 되지 못한다. 모두가 비통해 하는 그 시기에 유머코드라니……. 그날 허 강사는 오프닝 때문에 이래저래 '감 못 잡는 강사'가 되고 말았다.

창의적인 오프닝을 기획하라

오프닝은 강의의 시작을 알리는 종소리와 같다. 그 종소리를 듣고 청중이 이후 강의에 집중하느냐 마느냐가 정해지는 결정의 순간이다. 수십 일 또는 몇 달을 준비한 강의에서 몇 초 또는 몇 분 이내에 집중력 유도 테스트를 거치는 첫 관문이 바로 오프닝이다. 따라서 오프닝은 범상치 않게 접근해야 한다.

늘 하던 식의, 틀에 박힌 오프닝은 일단 피해야 한다. 단조롭고 임팩트가 약한 오프닝도 전혀 도움이 안 된다. 오로지 창의적인 오프닝만이 답이다. 청중의 관심사를 짚어 솔깃한 멘트를 날린다든지, 흥미 있는 시각자료를 보여준다든지, 주의를 집중할 수만 있다면 서슴지 않고 강사의 독특한 개인기 연출이라는 비장의 카드까지 꺼내야 한다. '그러한 오프닝 기술이 부족한 걸 어쩌란 말이냐?'라고 반문할 수 있다. 그러면 점잖게라도 창의적인 오프닝을 해야 한다. 창의적 오프닝을 위한 몇 가지 방법이 있다.

① 창의적인 자기 소개를 한다.
② 내용과 관련한 새롭고 창의적인 이미지나 콘텐츠를 제시한다.
③ 청중의 주의를 집중게 할 만한 새로운 질문을 던진다.

어떤 강사들은 오프닝할 때 자랑하듯이 프로필을 쭉 열거하거나 강의 이력을 파워포인트 슬라이드에 빼곡히 채워 숨 막히게 자신을 소개한다. 이는 가장 어리석은 오프닝이다. 청중은 강사의 화려한 이력을 보고 결코 '우와 놀라워라', '우리가 저런 분의 강의를 듣다니'라고 생각하지 않는다.

오히려 '대단하신 이력인데, 얼마나 강의를 잘하는지 한번 지켜볼까' 하며 반응한다. 속으로 '잘났어 정말' 하는 사람도 있다. 게다가 청중은 자신들과 스펙이 현저하게 다른 강사에게서 동질감과 공감대를 찾지 못한다. 강의 초장부터 강사에게서 교육생과의 간극만 생겨난다.

프로필을 창의적으로 소개하는 방법으로 필자가 종종 활용하는 것 중 하나는 프로필에 핵심 이력만 적어놓고 퀴즈를 내는 것이다. 3~5개의 소개사항 중에서 가짜를 하나 찾아보라고 하거나, 아니면 그중에 진짜를 하나 찾아보라고 하면 좀 더 흥미 있게 강사 자신을 소개

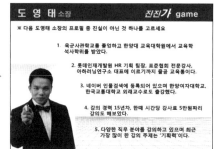

할 수 있다. 이러한 퀴즈식 프로필도 특강처럼 시간이 짧은 강좌에서는 하지 않아야 한다. 그때는 한두 줄의 특이사항이 있는 이력과 현직만 이야기하고 넘어가도록 한다.

오프닝에서 프로필을 소개할 때 주의해야 할 또 하나는 담당자나 진행자가 프로필 소개를 자세히 할 수도 있으니, 굳이 중복해서 나를 알릴 필요없이 사전에 소개 수위를 조절한다. 담당자가 충분히 소개했다면 곧바로 인사한 후 내용과 관련한 창의적 오프닝으로 들어간다.

질문하는 오프닝을 선사하라

말로만 하는 강의든, 파워포인트 슬라이드를 띄워놓고 하는 강의든 질문을 활용한 방식은 가장 잘 통하는 오프닝 기술이다. 대신 어려운 질문이 아닌 쉬운 질문을 해야 하고, 개별 질문보다는 공개적인 질문을 채택해야 한다. 어떤 질문을 어떻게 할 것인지는 강의 기획 과정에서 반드시 짚고 넘어가야 하는 요소다.

주제에 맞는 오프닝 질문 멘트는 필요충분조건이다. 가끔 질문 따로, 보여주는 내용 따로, 본문 따로 식의 강의가 있다. 그럴 경우 청중도 따로 행동할 수 있다. 안전에 대한 강의를 하는 강사가 안전예방의 중요성을 다음과 같이 이야기했다고 해보자.

"여러분 겨울철에 산행할 때 눈길에 미끄럽지 않게 착용하는 것이 뭐죠?" …… "바로 아이젠이죠. 아이젠은 갑자기 눈이 올 때 미끄럼 같은 안전사고를 미연에 방지하기 위해 준비하는 겨울등산의 필수품입니다. 오늘 저는 아이젠 같은 안전사고 예방을 위한 준비물을 여러분께 소개하려고 합니다."

이렇게 적절한 사례를 통해 주제와 연관된 질문을 하면 무난한 오프닝이라고 할 수 있지 않을까?

파워포인트를 활용해서 강의할 때는 보여주고 질문하는 방식으로 오프닝을 하면 된다. 앞의 안전관리 교육은 질문과 함께 아이젠 이야기를 하면서 절묘한 타이밍에 아이젠 이미지를 화면에 띄우면 효과적이다. 제목이나 표지 앞에 오프닝 슬라이드를 만들어 강의 주제와 연결시키면 더욱 멋진 오프닝이 된다. 그러나 이러한 오프닝 기술을 발휘할 때는 식상하지 않고, 내용과 연결고리가 약하지 않은지를 고민해야 한다.

위의 자료는 오프닝으로서 내용이 타당할지 몰라도 너무 많은 힘을 준 듯하다. 전달하려는 메시지가 너무 많다. 오프닝은 가벼운 동기부여 장치다. 절대 장황하거나 강의의 본 내용까지 지나치게 간섭하는 구성이 되어서는 곤란하다. 파워포인트 오프닝은 한 장이면 충분하고, 그 페이지에서 보여주는 메시지나 애니메이션은 한두 개 정도면 된다.

주제와 잘 연결된 오프닝은 청중으로 하여금 기억에 남게 만든다. 다음 슬라이드를 띄워놓고 강사는 어떻게 오프닝을 해야 할까? 강의 주제와 연결하는 '보여주면서 질문하라'의 파워포인트 활용 오프닝 기법을 적용해보자.

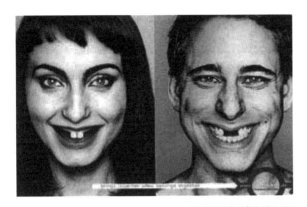

"여러분 이 그림은 어떤 회사 광고 이미지입니다. 어떤 회사 광고인지 아십니까?" …… "이 그림은 바로 '당신에게 딱 맞는 짝을 찾아줍니다'(치아의 양옆니가 서로 맞음)라는 결혼정보회사 광고입니다. 제가 오늘 말씀 드릴 주제가 바로 결혼정보회사를 선택할 때 어떠한 기준으로 선택하느냐에 대한 것입니다."

보여주는 오프닝 슬라이드는 다양성을 추구할 필요가 있다. 사진 이미지도 좋고 가급적 1분이 넘지 않는 간단한 동영상도 좋다(오프닝에 3분 이상 넘는 동영상은 적절치 않다).

만약 실패에 맞서는 마인드와 관련한 강의를 한다면 좌절과 실패에 관련된 이미지나 영상을 오프닝에 활용함으로써 강의에 깊은 인상을 줄 수 있다. 반대로 장황한 설명의 오프닝이나 내용과 관련 없는 이야기를 하거나, 상투적인 오프닝(인사 등의 일반적인 언어)은 초반부터 강의의 힘을 빠지게 한다. 오프닝 기획도 하기 나름이다. 완성도가 높은 오프닝 기획은 여러 방면에서 잘 활용할 수 있다. 또한 다양한 오프닝 시도는 강사에게 새로운 변화와 활력을 주기도 한다. 그동안 해온 오프닝에서 과감히 탈피하자. 강의 의뢰가 오면 곧바로 오프닝부터 깊게 고민하고 기획하자. 오프닝이 잘 잡혀야 실타래가 풀리듯 강의도 술술 풀린다.

강의에 변별력을 주는
기획의 변수

통일 관련 전문가 하면 장평화 교수를 손에 꼽는다. 장 교수는 평화론자로서 그의 통일론은 이념 대립이 아닌 평화와 화해 모드를 기본으로 한다. 2000년대 초반까지 장 교수는 여기저기 강연도 많이 다녔다. 정부의 햇볕정책에 힘입어 그의 강의는 날개를 달았다. 학교 수업보다 외부 강의가 더 많아졌다. 그래서 그는 중대한 결심을 했다. 통일 분야 전문강사로 활동하기 위해 2000년 중반에 교수직을 사퇴했다. 통일원의 자문교수로 등록해 명함을 키우고 그곳에 간간히 출강도 했다. 그러는 와중에 논문도 수차례 썼고 『양극화 시대의 종식과 새로운 통일논리』라는 책을 3년에 걸쳐 준비했다.

장 교수가 책을 발간할 무렵, 세상은 변화의 소용돌이에 빠져들었다. 남북한 정권이 바뀌고 우리 정부는 북한과 대립각을 세웠다. 그 와중에 연평도, 천안함 폭침 같은 북한의 도발도 있었다. 더 이상 장 교수의 평화예찬론은 호응을 얻지 못했고, 관련 강의도 점점 줄어갔다. 발간을 앞두고 책 출판도 중단됐다. 다음 정부에서는 나아지려나 했지만, 북한의 미사일 발사와 핵실험 등이 도화선이 되어 남북관계는 더욱 꽁꽁 얼어붙었다. 설상가상으로 개성공단 철수까지 이루어지고 군사적으로 남북의 갈등은 최고조에 달하고 있다. 국제정세도 새로운 양극화 출현이라는 조심스러운 경고마저 하고 있다.

모든 것이 장 교수의 주장과 정반대로 돌아가는 현실 앞에서 장 교수는 망연자실했다. 그는 학교에 재직하면서 통일문제를 연구하는 것이 더 나았을 것이라며 뒤늦게 후회했다. 지금 그에게 바쁜 일상은 수년 전의 향수에 불과할 뿐이다.

강의는 트렌드의 산물

트렌드는 강의의 가장 큰 변수다. 인기 강좌는 확실히 시대의 트렌드를 반영한다. 지금 강력한 트렌드를 꼽으라면 인문학이다. 그래서 인문학 관련 교수들이 호황을 맞고 있다. 크고 작은 안전사고가 증가해 안전에 대한 경각심과 안전교육에 대한 중요성이 부각되면서 한

때 강사계의 한직이었던 안전 분야 강사들도 탄력을 받고 있다.

강사들은 변화하는 트렌드에 어떻게 대응해야 할까? 당연히 지금 강의하는 분야를 버리고 트렌드인 인문학이나 안전 분야 강사를 하라는 것이 아니다. 우선 강사들은 트렌드를 직시하고 이에 보조를 맞추어야 한다. 이른바 '트렌드 트레킹(trend trekking)'이다.

강사들은 건전한 지식을 파는 사람들이다. 따라서 자신이 강의하는 강의 주제에 최근 트렌드를 접목시켜 콘텐츠를 정비하는 것이 가장 현명한 트랜드 트레킹 방법이다. 그렇게 했을 때 '트렌디한 강사'라는 타이틀도 붙는다.

가령 자신이 '프레젠테이션' 전문강사라면 프레젠테이션 트렌드를 읽어야 한다. 한때 스티브 잡스 프레젠테이션이 대세였을 때 그것을 강의에 접목시켜 풀어냈다면, 지금은 트렌드에 잘 맞는 또 다른 벤치마킹 대상을 찾아 강의에 반영해야 트렌드를 잘 읽는 감각 있는 전문강사라고 할 수 있다. 아무래도 고인이 된 사람(스티브 잡스)을 계속 프레젠테이션의 롤모델로 쓰기에는 한계가 있기 마련이다.

트렌드보다 작은 개념인 현재 이슈를 파악해 강의에 조금이라도 챙겨 넣는 재치를 발휘하거나 게임이나 실습도구도 이슈에 걸맞게 진행하면 교육 효과는 높아진다. 이는 강의 프로그램 기획과도 상당 부분 연관이 있다.

텔레비전 프로그램 〈나는 가수다〉가 한창 인기 있을 때, '나는 프레젠터다'라고 하며 프레젠테이션 실습을 주도했더니 학습자들이 더 많은 관심을 보였다. 텔레비전 대세 예능프로그램 〈런닝맨〉을 모티 브로 레크리에이션이나 팀빌딩 게임을 기획한 교육컨설팅사는 지금 까지도 동일한 콘셉트의 교육으로 재미를 보고 있다. 이렇듯 강의 기 획은 트렌드와 이슈를 제대로 물고 들어가야 인기강의 몰이를 할 수 있다.

상황에 맞게 융통성 있는 기획을 하라

말 한마디라도, PPT 강의 슬라이드 한 장이라도 현실감각에 맞게 포장한다면 청중으로부터 '저 강사는 참 성실하다'는 평가를 받을 수 있다. 작은 차이지만 결과적으로 큰 차이를 가져올 수 있다. 새해 첫 강의를 할 때 바로 자기 소개를 하고 강의하는 것과 새해 인사와 몇 가지 덕담을 나누는 것과는 차이가 있다. '새해 복 많이 받으십시오' 라는 슬라이드 한 장을 펼치면서 시작하는 강의는 기분 좋은 한 해 의 출발을 공유하게 한다.

강사는 항상 상황을 고려해 판단한 후 가장 적절한 현실감각을 비 빔밥처럼 강의에 잘 버무려야 한다. 그러기 위해서 끊임없는 학습을 요구하기에 강사란 분명 매우 힘든 직업이다. 그러나 강의의 필요점 을 명확히 파악하여 상황에 딱 맞는 강의를 수행하는 것만으로도 보 람과 자부심을 가질 수 있는 좋은 직업이기도 하다. 결국 시대 현실과 궁합이 맞게 융통성 있는 콘텐츠를 통해 강사는 더욱 발전한다.

기획 단계에서 강사는 자신의 강의 주제에 부합하는 콘텐츠에만 얽매여서는 안 된다. 같은 내용을 전달하더라도 현실상황에 맞는 재치있는 기획으로 접근했다면 반응도 괜찮을뿐더러 흥미를 이끌어낼 수 있다.

예를 들어보자. 문제해결 강의에서 '모든 문제해결의 열쇠는 현장에 답이 있다'는 메시지를 전달하려 한다. 곧이곧대로 슬라이드에 위 내용을 베껴 쓴다면 이는 '하수 기획자'다. 'One Slide One Image!' 원칙을 살려 '현장이 답이다'라고 내용을 구성했다면 이는 '중수 기획자'다.

한글로 '우문현답'이라고 써보자. 사람들은 이를 어리석은 질문에 현명한 답변으로 이해할 수 있지만 이를 말로 표현해보자. '우리의 문제는 현장에 답이 있다'라고. 기발하지 않은가? 이 기획자는 고수다. 이 말을 현 대통령께서 회의시간에 말씀하셨다고도 하니 대통령 사진과 말풍선으로 최종 완성해보자. 최고수 강의 기획자는 이처럼 모든 상황을 열어놓고 강의를 기획할 때 최대한의 융통성을 발휘하는 강사다.

비단 트렌드와 이슈, 그리고 각종 상황 이외에도 강의 기획에 변별력을 주는 다른 변수들은 찾아보면 무수히 많다. 조금이나마 영향력을 미치는 것들이 있다면 찾아내어 확인하고 넘어가야 한다. 특히 컴퓨터 악성 바이러스 같은 부정적 요인들을 무심코 지나쳤다가는 본의 아니게 불편한 상황을 맞이할 수도 있다.

충실한 내용으로 강의 준비를 열심히 했는데 교육생들이 전날 밤에 모두 회식을 해서 진탕 술을 마시고 아침에 강의 들으러 왔다고 가정해보라. 이들이 강사가 열의를 갖고 준비한 콘텐츠에 과연 집중할 수 있을까? 이런 경우라면 핵심내용만 챙기고, 흥미있는 사항을 삽입해 살짝 힘을 빼고 강의하는 것이 효과적이다. 잘못하면 부적절한 상황에서 불필요하게 '열강'을 한 강사가 될 수 있다. 학습자의 준비 상태도 강의를 기획할 때 변수가 된다.

✚ Plus Tips

강의 기획 시 변별력에 영향을 주는 것들

1. 학습자의 상태와 수준에 따른 융통성 있는 대처 여부
2. 첨단장비의 활용 여부(해상도가 높은 프로젝터 사용 등)
3. 청중에게 딱 맞는 사례와 실습도구 등의 준비 상태
4. 현재 이슈가 되는 사안과 강의의 연결 여부
5. 최근 흥미있는 자료의 적절한 삽입 여부
6. 청중에게 도움될 만한 정보 제공 여부
7. 상황에 맞는 강의시간 조절과 배려
8. 적절한 보상과 동기부여 장치(학습우수자에게 선물 또는 상점 등)
9. 강사의 교안 작성의 비주얼 정도
10. 강사의 특별한 개인기 준비(성대모사, 마술 등)

3장

자료를 어떻게 찾고
정리할 것인가

탁월한 콘텐츠는
정보에서 나온다

   많은 학생들이 수업시간에 졸고 있다. 아예 대놓고 양손으로 고개를 받치고 자는 학생도 있다. 고등학교 역사교사인 사관정 선생은 수업할 때 활기 없는 학생들을 보면 맥이 빠진다. 자신이 강의를 못한다고는 생각하지는 않는데, 아무리 역사에 대한 해박한 지식을 열성적으로 가르치려 해도 이미 학생들은 초반부터 동기부여가 되어 있지 않다는 생각이 들었다. '도대체 이유가 뭘까?'

   수능에서 역사가 필수과목이 되었지만 절대평가 때문에 변별력을 잃다 보니 아무래도 저학년들은 집중력이 떨어질 수밖에 없었다. 그래도 그녀는 최선을 다해 재미있게 가르쳐보려고 몇 가지 유머까지 동원해보았다. 하지만 이미 엎드려 자는 학생들을 일으켜 세우기에는 역부족이었다.

스트레스가 이만저만이 아니었다. 그러려니 하며 마음 편하게 받아들이기로 한 사관정 선생, 기분전환이라도 할 겸 휴일날 사극(史劇)영화를 보러 갔다. 역사적 사실을 각색한 흥미진진한 블록버스터 영화였다. 그녀는 깊게 몰입해 영화를 보았다. '바로 이거다', 영화를 보면서 사관정 선생은 무릎을 쳤다.

그날 이후 그녀는 인터넷에서 역사와 관련한 영화와 드라마를 열심히 찾기 시작했다. 사극영화를 하나둘 모으면서 사 선생의 역사수업 방식은 바뀌기 시작했다. 먼저 수업 초기에 영화 예고편이나 편집한 사극영상을 띄웠다. 그리고 그것과 관련된 역사적 사실을 일목요연하게 설명해갔다. 학생들도 바뀌었다. 더 이상 졸거나 책상에 엎어져 있는 학생들이 없었다. 사 선생은 영화 콘텐츠를 이용해 활기찬 수업을 진행할 수 있어 뿌듯했다.

정보는 강의력이다

'국가정보원'에 들어서면 '정보는 국력이다'는 거대한 구조물이 눈에 들어온다. 단번에 조직과 매칭이 잘되는 인상적인 문구다. 만약 강사들을 위한 전문기관이 있다면 이를 패러디해 '정보는 강의력이다'이라고 쓴 구조물을 설치하고 싶다.

강사들에게 정보란 자신의 강의 콘텐츠를 제공하는 자원(Source)이며, 크고 작은 정보는 강의의 승패에 영향을 줄 수 있는 핵심요소다. 결국 강의의 승부처는 정보를 어떻게 가공해 전달하느냐에 달려 있다고 해도 과언이 아니다. 스타강사들은 일반적으로 다른 강사들보다 차별화된 정보를 잘 다룬다는 공통점이 있다. 이렇다 할 정보 없이 입담으로만, 개인기로만 강의를 잘하는 시대는 이미 지나갔다.

단도직입적으로 말하면 강의도 결국 정보 싸움이다. 질 좋은 정보를 적절하게 가공해 지식보따리 장사를 하는 사람이 바로 강사다. 마음만 먹으면 어디서든 쉽게 구할 수 있고, 남들이 모두 잘 아는 정보를 갖고 강의를 한다는 것은 마트에서 쉽게 물건을 도매로 가져다가 소매로 팔려는 행위와 같다.

주식을 보자. 이른바 '개미'들은 좀처럼 주식매매를 통해 돈을 벌기가 힘들다고 한다. 왜냐고? 고급정보를 접할 기회가 적기 때문에 매번 기관이나 외국인들에게 당할 수밖에 없다. 부지런히 여러 통로를 통해 정보를 끌어모은다 해도 예측과 가공 면에서 감히 그들의 상대가 되지 않는다.

강의는 정보의 수집에서부터 가공에 이르기까지 고급정보를 어떻게 모으고 정리하느냐에 좌우된다. 내가 중요한 정보를 수집했다면 그것을 잘 가공해서 포장하는 기지를 발휘하는 것도 강의 정보관리에서 필수적이다.

무심코 지나칠 수 있는 사소한 정보라도 강의에 잘 활용할 수 있으면 소중한 정보가 된다. 재미로만 보고 넘어갈 수 있는 영화 속 한 장면을 강의 주제의 피드백 사례로 쓸 수 있다. 또 인터넷이나 SNS에 돌아다니는 소소한 유머 정보를 강의의 스팟 교육 시 팁으로 활용할 수 있다. 이때 정보를 얼마나 해당 강의에 맞게 잘 가공했느냐에 따라 질적인 우열이 가려진다. 일반적으로 정보의 가공은 4단계를 거친다.

① 정보수집 단계: 강의 기획 과정에서 설정한 강의 주제와 목적을 충분히 만족시킬 만한 아이디어와 데이터를 수집한다.
② 분석 단계: 수집한 1차 정보를 종합적으로 해석한다.
③ 가공 단계: 분석한 정보를 지식이나 2차 정보로 만든다.
④ 활용 단계: 마지막으로 정보의 유효성을 검토해 강의에 적용한다.

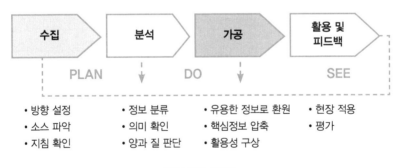

정보처리 4단계

우수한 강의는 같은 정보라도 처리능력에서 차이가 있다. 단계를 거쳐 완성된 강의 정보는 곧 강의력으로 이어진다. 앞으로는 더 많은 양질의 정보를 확보한 강사들만이 시장에서 살아남을 것이다.

일상에서 정보를 끌어오라

필자도 습관이 있다. 아무래도 직업병 같다. 컴퓨터를 통해 텔레비전을 보다가 무슨 경진대회 발표 장면이 나오면 재빠르게 녹화해 (요즘 디지털 방식으로 버튼만 누르면 영상 캡처가 가능하다) 프레젠테이션 강의에 어떻게 활용할지를 고민하고, 영화를 보더라도 매번 기획적으로 논리적인 흐름을 따지다 보니 함께 영화를 보는 이가 눈살을 찌푸릴 때도 있다.

잡지나 책을 읽다가도 나름 괜찮은 내용이라고 판단되면 여지없이 스마트폰 카메라를 눌러서 보관하다가, 나중에 필요하면 가공해서 강의에 활용한다. 이렇게 일상에서 접한 정보가 어쩌면 강의에서 가장 말랑말랑하고 따끈따끈하게 어필할 수 있는 콘텐츠가 아닐까 한다.

사소한 정보를 강의에 잘 썼더니 청중이 매우 흥미로워 한다. 예를 들면 스마트폰 계산기로 몇 가지 계산을 하면 010을 제외한 자기 자신의 스마트폰 번호가 나온다는 것을, 간단한 스팟으로 사용했더니 특히 신입사원들이 참 좋아한다. 미팅 나가서 계산해보면서 상대방 번호를 자연스럽게 알아낼 수도 있으니까. 이것을 그냥 말로 하지 않고 아예 파워포인트 PPT 슬라이드 한 장을 만들었다. 순차적으로 계산하는 과정은 슬라이드 애니메이션으로 처리했다. 많은 사람들에게 알려지기 전까지는 그럭저럭 잘 쓸 수 있는 콘텐츠다.

핸드폰 번호 알아내기

본인 휴대폰 가운데 번호 네자리 X 20000 =

+ 휴대폰 뒷번호 네자리 =

+ 휴대폰 뒷번호 네자리 =

나누기 2 =

일상에서 접한 정보 중에 스팟이 아닌 강의에 직접적으로 도움을 주는 것을 발견한다면 행운이다. 얼마 전 책에서 '바람직한 역경'이라는 용어를 찾았다. 자신이 겪은 그 고난이 오히려 성공의 기반이 되었다는, 즉 결코 그 고난을 통해 잃은 게 없다는 것을 역설하는 이 용어는 꽤나 인상적이었다.

예를 들어 선천적인 녹내장을 앓고 결국 시력을 잃었지만 노력해 맹인가수로서 성공한 사람은 그동안의 역경이 독특한 자신을 만들게 한 바람직한 역경이었다. 쉽게 말하면 지금의 고난이 그저 고생으로만 끝나는 시쳇말로 개고생이 아니라 향후에 보상을 받을 고생이라는 것이다. 이 짧은 용어가 자기계발과 동기부여 강의에 임팩트가 있다고 판단해 슬라이드 한 장으로 작성해 비전설정과 자기계발 강의에 활용해보았다.

결과는 대만족이었다. 이렇듯 작지만 또 하나의 강력한 강의 콘텐츠가 탄생했다. 어려운 일이 아니다. 일상에서 접하는 소소한 정보들만으로도 얼마든지 강의에 유용하게 사용할 수 있다.

강의 정보의 처리 단계

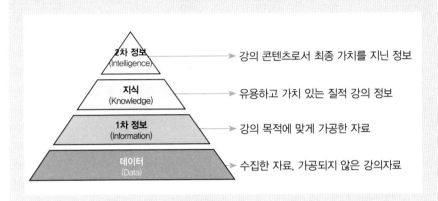

2차 정보
(Intelligence) ──▶ 강의 콘텐츠로서 최종 가치를 지닌 정보

지식
(Knowledge) ──▶ 유용하고 가치 있는 질적 강의 정보

1차 정보
(Information) ──▶ 강의 목적에 맞게 가공한 자료

데이터
(Data) ──▶ 수집한 자료, 가공되지 않은 강의자료

자료에 대한
미련을 버려라

　'욕심이 많아서일까? 회사에서 교육담당을 하면서 가끔 사내강의도 하는 전모아 팀장은 언제나 자료수집에 많은 시간을 할애한다. 그의 회사에 강의하러 오는 강사들의 교재파일은 말할 것도 없고, 자신의 강의와 관련된 각종 공개강좌, 세미나 등은 가능한 모두 참여해 정보를 얻어냈다. 그뿐인가, SNS에 떠다니는 좋은 글, 이미지 등을 자신의 스마트폰으로 퍼나르기에도 바쁘다.

　그러다 보니 전 팀장의 컴퓨터 하드디스크 폴더 공간이 늘 부족했다. 스마트폰 바탕화면에는 이런저런 수많은 정보들이 어플과 함께 방대한 자료의 위용을 과시하고 있다. 그러나 그녀는 그렇게 많은 자료를 모아놓고도 이를 잘 활용하지 못하고 있다.

그동안 열심히 뛰어다니며 각종 교육, 세미나에서 얻은 교재와 자료 등이 책장 구석 어딘가에서 먼지만 날린다. 전 팀장은 자신이 맡은 강의과목에 그 자료를 활용하려 했지만 도대체 어떤 것을 써야 할지 판단이 서지 않는다. 더구나 그녀가 정성을 다해 모아놓은 자료들은 너무 오래되어 대부분 유통기한이 지났다. 전 팀장은 정보의 홍수 속에서 어떻게 살아남아야 할까?

밀어내기식 정보관리를 한다

욕심 부리지 말자. 너무 많은 정보는 오히려 부작용을 유발하고 강의 교안 작성을 지연시킬 수 있다. 정보를 잘 활용하지도 않으면서 움켜쥐려고만 한다면 한낱 수집광에 불과하다. 또 수집한 자료가 그렇다고 대단한 자료도 아닐 것이다. 정보는 시간이 지나면 대부분 가치가 떨어진다. 가령 현재 30대 그룹의 기업 순위가 몇 년이 지나면 뒤바뀌어 당초에 이야기하고자 하는 것의 의미가 무색해질 수 있다. 3년 전에 잘 들었던 강의교재를 펼쳐보라. '아 바로 이거야' 하고 탄성을 지르고, 지금까지도 유용성을 내세우는 자료가 몇 개나 있겠는가?

따끈따끈하고 신선한 정보가 아니라면 주저하지 말고 버리는 정보관리를 해야 한다. 낡은 것을 밀어내고 새로운 것으로 채우면 된다.

일반적으로 강의 기획을 할 때 버려야 할 정보는 다음과 같다.

① 아무런 목적이 없는 정보

② 상대가 관심 갖지 않는 정보

③ 이해할 수 없는 정보

④ 기간이 지난 낡은 정보

⑤ 소재가 불투명한 정보

⑥ 내용과 전혀 관련이 없는 정보

⑦ 스팸 메일 정보

⑧ 이득이 되지 않는 정보

프로답지 못하게 노력에 소홀한 강사들이 케케묵은 정보를 녹차 티백 3, 4번 우려내듯 계속 사용한다. 버려야 한다. 낡은 것은 무조건 버리자. '아깝다', '언젠가는 필요하다'는 사고 자체도 버려야 한다. 결국 아무것도 버리지 못하는 사람은 아무것도 바꿀 수 없다.

효율적인 정보검색 방법론을 습득하라

정보가 너무 많아 골치다. 그래서 효율적인 정보수집이 더욱 중요하다. 보통 어떤 방식으로 정보검색을 하는가? 단순히 찾고자 하는 검색어를 포털사이트에 입력하고 있지는 않는가? 뭐 그렇게 계속 클릭 또는 터치해서 들어가더라도 놀라운 스마트 세상은 내가 찾으려는 정보를 획득하는 데 꽤나 우수한 도우미 역할을 해준다.

그러나 포털사이트에 검색어를 쳐서 나오는 정보는 누구나 접할 수 있는 일반적인 정보가 대부분이다. 그렇다고 뭔가 알짜배기 정보를 얻고자 물어물어 길을 찾듯이, 돌아돌아 탐색을 하다가는 시간만 많이 소모된다. 강의에 필요한 정보는 어디서나 흔히 볼 수 있는 정보가 아닌 가치 있는 정보여야 한다. 수집 과정에서도 불필요하게 시간을 잡아먹지 않도록 검색시간을 앞당겨줘야 한다.

일단 인터넷 검색창이나 스마트폰에 막연히 검색어를 치는 정보검색법에서 탈피하자. 검색도 요령이다. 검색엔진이 똑똑해져서 예전에 시대를 풍미했던 '정보검색사'라는 직업은 사라졌지만, 효율적인 정보찾기의 비법이 있다. 구글 포털사이트 검색을 활용해보자. 이른바 '구글링'을 통해 포털사이트보다 연산자 검색, 키워드 검색, 옵션 검색이 잘되는 장점이 있다.

예를 들어 검색창에 '심리검사'라고 쓰면 수백만 건의 정보데이터가 등장한다. 이는 정보검색이 아니다. 단지 수많은 정보를 펼쳐놓은 것에 불과하다. 구글검색창에 '심리검사'라는 용어에 " "를 붙여서 "심리검사"라고 해보라. 10만 건 찾았다는 표시가 뜬다. 검색어가 통째로 담긴 자료만 찾으라는 명령이기에 탐색 수가 10분의 1로 줄어들었다. " " 하나만 하더라도 효율은 대단히 높다. 여기에 +, − 등을 활용한 검색기법을 동원하면 더 높아진다. "심리검사"+ MBTI 하면 MBTI가 포함된 심리검사 도구를 찾으라는 명령이다. "심리검사" - 교류분석 하면 심리검사 도구 중 교류분석(TA)이라는 검사도구를 빼놓고 찾으라는 수행지시다. 구글 검색엔진은 자신에게 하달된 명령을 성실하게 수행한다. 이런 게 바로 연산자 검색이다.

연산자 검색에 견줄 수 없는 이보다 강력한 구글 검색법이 있다. 검색창에 이렇게 쳐보라. '심리검사도구 filetype:ppt'라고 하면 심리검사도구에서 파일유형이 파워포인트(PPT는 파워포인트 확장자)인 파일을 검색해 달라는 것이다. 그러면 구글은 전 세계를 뒤져서 관련 파워포인트 자료를 통째로 찾아낸다. 잘하면 유용한 강의자료를 구할 수 있다.

뒷부분의 확장자는 선택옵션이다. hwp라고 하면 한글파일을, xls를 치면 엑셀파일을, pdf라고 입력하면 디지털 이미지 문서 파일을 찾아준다. 돌직구를 날리듯이, 수많은 정보 속에서 필요한 것을 직접 검색할 때 구글링은 매우 효과적이다.

강의 정보는 철저하게 깔때기로 걸러진 정보가 되어야 한다. 거르고 걸러진 정보가 내 강의에 요긴한 정보다. 누구나 다 알고 찾아내는 정보는 차별성이 없다. 깔때기를 통해 일반 정보를 강의 정보로 잘 추출해내는 효율적 방식을 찾아야 한다. 요즘은 정보과잉 상태에서 합리적으로 정보를 소비할 수 있도록 도와주는 정보 큐레이션 서비스도 있다. 구글알리미, 스마트폰 큐레이션 앱은 정보의 홍수 속에서 해당 정보만을 골라 깔끔하게 정리해줘서 활용도가 높다.

한편 여기서 제시하는 방법은 현재 가장 효율적인 정보수집 방법이다. 몇 년이 지나면 더 쉽고 편한 정보검색법이나 도구(플랫폼이나 앱)가 등장해 기존의 정보관리를 대체할 수 있다. 산업기술 분야에서는 시간이 지나면서 쓸모없어지는 낡은 기술을 '와해성 기술'이라고 한다. 피처폰 기술이 스마트폰이 등장하면서 와해되듯이, 브라운관 모니터(CRT)가 유기발광소재 모니터(LED, OLED)로 전면 교체되듯이, 시간이 지나면서 와해되는 것이다. 현재 유용하지 않은 정보나 시간이 지나면서 도태되는 정보 역시 '와해성 정보'다. 그러니 그때 가서 지금의 기법들이 낡았다고 원망할 필요는 없다.

정보를 양적으로만 움켜쥔다는 것은 그만큼 와해성 정보만 잔뜩 쌓아두는 셈이다. 강사들은 늘 양보다 질적인 대체정보를 준비해야 한다. 특히 강의 콘텐츠 정보는 최신의 것으로 대체하거나 보완해 '와해성 정보'를 덜어내야 한다. 정보를 자신의 콘텐츠로 만들지 못하는 것도 와해성 정보가 늘어나는 이유다.

시간 내에 소화하지도 못하는 수십 장의 파워포인트 슬라이드를 만들어놓고 정작 강의 중에는 화면 넘기기에 급급하는 강사들은 와해성 정보를 갖고 있는 것보다 더 심각하다. 제대로 활용하지 못하는 정보는 자신의 정보가 아닌 남의 것을 그저 움켜쥔 것에 지나지 않는다.

강사 지망생들의 가장 큰 딜레마는 자료를 받기만 할 뿐 자기 것이 없다는 데 있다. 수십만 원에서 많게 수백만 원이나 되는 일정한 프로그램이나 강사양성 코스를 수료하면서 얻은 자료로 강의할 수 있다고 생각하는데 이는 큰 오산이다. 어느 순간 와르르 무너진다. 설령 그것을 가지고 강의를 한다 할지라도 영원한 2인자이며 심지어 '짝퉁' 강사가 될 뿐이다. 시간이 걸리더라도 정보는 반드시 생성 또는 가공 및 변형 과정을 거쳐 내 것으로 만들자. 그리고 나만의 콘텐츠를 찾아 나만이 제대로 할 수 있는 강의를 하자.

강의와 빅데이터가
만나다

   강의 주제가 '여성 스트레스 관리'란다. 200여 명의 중년여성이 참석하는 큰 규모의 강의다. 정신과 의사이자 전문강사로도 활동하는 우람한 원장은 강의 의뢰를 받고 고민에 빠졌다. "어떻게 하면 흥미 있게 여성들에게 '스트레스 관리기법'을 전달할 수 있을까?" 물론 그는 기존의 지식만으로도 충분히 강의를 해낼 수 있는 역량이 있다. 하지만 자칫 전문의학적으로 접근하면 어려운 강의가 되어 대상자들이 스트레스를 받을 수도 있겠다고 생각해 강의에 도움이 될 만한 자료를 열심히 찾았다.

   문득 빅데이터라는 말이 떠올랐다. 처리가 어려울 정도로 방대한 양의 비정형 데이터 집합이라는 사전적 의미를 떠나서 '여성 스트레스'에 대한 빅데이터 정보를 잘 활용하면 강의에 어울릴 것 같았다.

일단 검색창에 '여성 스트레스'를 찾고 검색한 수많은 정보 중에 중년여성이 가장 스트레스를 받는 분야로 압축시켜갔다. 그랬더니 교육의 화두가 나왔다. 바로 정서적 '우울증'이란다. 곧바로 여성 우울증에 대한 데이터를 더 찾아봤다. 우울증에서 많은 부분이 '화병(또는 울화병)'에 있다는 어느 조사결과가 나왔다.

우 원장은 크게 욕심 내지 않고 중년여성이 갖는 스트레스 중 화병 다스리기 쪽으로 방향을 잡았다. 화병의 근본원인을 진단하고 그동안 경험했던 우울증 환자들의 생생한 치료 사례와 그것을 예방하기 위한 생활습관 소개를 주된 강의 내용으로 정했다.

강연 결과는 대만족이었다. 우람한 원장은 거대한 정보기술(IT)로만 생각했던 빅데이터를 이런 식으로 자신의 강의에 응용할 수 있다는 사실에 기쁨을 감추지 못했다.

핵심 스몰데이터 찾기

빅데이터는 대량으로 쏟아지는 각종 데이터를 분석해 일정한 변화나 패턴을 알아내는 것으로 강의에 잘 활용할 수 있다. 무슨 대단한 시스템적 개념도 아니다. 사람들이 관심을 갖는 실시간 검색어 상위에 링크된 용어 하나도 이른바 빅데이터다. 확대된 통계자료나 데이터 결과물에서도 강의에 활용할 만한 정보가 있다.

강사들이 직접 빅데이터 속에 존재하는 알토란 같은 정보를 찾기 어렵다면 빅데이터 사례를 강의에서 소개해도 좋을 듯하다. 어느 제약회사의 빅데이터 활용사례는 매우 유명하다. 이해하기 쉽게 이야기하듯 사례를 구성해보았다.

우리가 즐겨 보는 텔레비전 광고에 좀처럼 등장하지 않는 제약회사가 붓기, 타박상, 벌레 물린 데 그리고 멍에 복합적으로 효과가 있는 새로운 연고를 만들었다네. 그리고 즉시 빅데이터를 검색해보았지. 뭐 일단 인터넷 검색창에 용어를 쳐봤겠지. 포털사이트 검색창에 자주 등장하는 것도 일종의 빅데이터이니까.

그랬더니 '붓기=안티푸라민, 타박상=파스, 벌레 물린 데=버물리'라는 공식이 성립하고 멍은 의약품보다는 계란과 소고기가 많이 나오는 것을 발견한 거야. 그 회사는 그 연고의 궁극적 타깃을 '멍'으로 정했지.

그리고 또 빅데이터를 돌려봤다네. 멍이 들었을 때 가장 민감한 계층을 찾은 거지, 결과는? 바로 신체에 멍이 들었을 때 제일 신경 쓰는 사람은 바로 20대 여성이라는 점에 주목했어. 그래서 촌스런 연고 디자인도 젊은 여성이 좋아할 만한 이미지로 바꾸고 모델과 광고 카피도 20대여성을 공략, 결국 빅데이터를 적용해서 연고 의약품 매출이 경이적으로 신장되는 성과를 올렸다네.

빅데이터를 활용한 강의 슬라이드

이를 파워포인트 슬라이드로 만들어 제약회사 강의에서 활용했더니 반응과 몰입도가 좋았다. 정보관리 기법 강의에서도 사례로 제시하면 좋을 것이다.

역시 빅데이터 결과는 통계적 추출 데이터든, 사례이든 적절하게 강의에 접목시키면 틀림없이 흥미와 더불어 신뢰감을 준다. 정보의 산더미에서 걸러진 의미있는 정보를 강의에 더 유용하게 접목하는 기술은 강의 콘텐츠 기획에서 '신의 한 수'가 될 수 있는 빅데이터의 활용이다. 이를 낯설어 하지 말고 적극적으로 애용하도록 하자.

빅데이터 자료의 강의자료화

강의에 가장 손쉽게 활용할 수 있는 빅데이터는 바로 수치나 통계

데이터다. 이러한 것들은 강의의 논리를 뒷받침해주는 근거자료로 활용됨으로써 강의에 공신력을 실어준다. 사람들은 대개 과학적이고 합리적인 근거에 수긍하는 경향이 있다. 강력한 자기 주장을 바탕으로 빅데이터를 더하면 그 강의는 훨씬 더 무게감을 갖는다.

빅데이터 정보는 전체적인 강의의 맥락을 주도하기보다 개별 콘텐츠에 잘 적용하는 것이 적합하다. 가령 행복지수의 예를 들어 행복해야 한다는 것을 역설하고자 할 때, 빅데이터에서 얻은 부탄 같은 작은 나라의 행복지수가 세계 제1위라는 것을 뒷받침하는 통계 데이터와 부탄 사람들이 행복에 대해 느끼는 빈도를 자료로 만들어 나타낸다면 행복은 꼭 물질적 풍요와 비례관계가 아니라는 것을 설득력 있게 강의할 수 있다.

이와 같은 자료를 제시하지 않고 마냥 "행복하세요, 행복은 바로

부탄 행복지수에 대한 강의 기획

나 자신의 마음속에 있습니다"라고 말하는 것은 코끼리를 쉽게 냉장고에 넣는 것(1. 냉장고 문을 연다. 2. 코끼리를 넣는다. 3. 냉장고 문을 닫는다)과 같은 '당연한 말씀 감사합니다'라는 논리의 모순에 빠질 수 있다.

빅데이터를 기반으로 강의자료를 만드는 것도 중요하지만, 강의 자체와 관련해서도 빅데이터 결과는 얼마든지 참고자료로 삼을 만하다. 빅데이터를 통해 하루 중 어느 시간대에 직장인들이 집중도가 떨어지는지를 파악했다고 해보자. 결과는 오전에는 8, 9시, 오후에는 1, 2시라고 하는데, 이를 알면 그 시간대에 강의할 때 일반적인 주입식보다 학습자들의 참여를 유도하는 간단한 실습이나 게임 등으로 집중도를 향상시킬 수 있는 방식을 선택할 수 있다.

아무튼 빅데이터를 사업이나 마케팅 전략 수립 또는 스스로 예측하고 분석하는 AI(인공지능) 빅데이터 처리 같은 광의의 개념으로 보지 않고 강의 콘텐츠의 보조수단이라는 협의의 용도로 활용하더라도 더욱 수준 있는 미래지향적인 강의를 창출할 수 있지 않을까 조심스럽게 예측해본다.

앞으로 빅데이터 활용기술은 인공지능 로봇의 출현과 연계해 인간의 사고영역에도 도전장을 던질 것이다. 알파고라는 인공지능 바둑기사가 매일 프로기사들의 3만 건의 기보 사례를 학습해 바둑 최고수 인간에게 도전해 승리를 거두었다. 그러나 적어도 강사의 영역만큼은 인공지능 로봇이 넘보지는 못할 것이니, 우리는 그들을 단지 막강한 데이터를 소유한 강의조력자로서 활용하면 된다.

강의에 도움되는 빅데이터 활용 분야

구분	활용 분야
맞춤형 교육서비스 제공	• 과정 개발 시 수년간 전문가의 의견, 사전 모니터링 및 조사결과 등을 반영해 적합한 교육콘텐츠 개발 • SNS(소셜네트웍서비스) 데이터를 활용해 학습자 개개인의 성향에 맞는 적절한 활동과 커뮤니티 제안 • 교육 피드백을 활성화해 융통성 있는 교육지원시스템 마련 • 광범위한 교육정보 제공 후 학습자(청중)가 스스로 교육 과목을 선택해 수강하도록 유도
스마트 기반의 학습	• 스마트 기기의 효용성을 분석해 세대변화에 맞는 디지털 교과서 및 온라인 학습 활성화 • ICT(정보통신기술)의 데이터를 교육에 접목해 새로운 교육 패러다임(사고의 틀)과 시스템 도입
학습동기부여	• 시간대별 몰입도를 연구한 결과를 반영해 탄력적 교육 운영 • 선호하는 과목, 강사 등을 체계적으로 종합해 공급자 중심이 아닌 수요자 중심의 교육으로 전환
학습자(청중) 편의제공	• 날씨정보, 실시간 교통상황 정보 제공으로 준비물 챙기기 및 교통편 예약에 도움 • 연령대별로 선호하는 음식 정보를 식단 편성에 반영 • 학습자 조회, 추천수가 높은 교육 복지 혜택 부여
기타	• 교육성적 및 설문조사결과 누적 데이터를 빅데이터화 활용 • 학습자(청중)와 교사(강사)의 상호작용과 피드백 자료를 종합해 옵션 형태의 교육(강의)수강 시스템 구축

강의자료
즉시 캡처해서 활용하기

인터넷을 검색하다가 강의에 유용한 이미지를 발견한 정그물 강사는 늘 하던 대로 컴퓨터의 PrtSc(일명 '프린트스크린' 버튼)를 눌렀다. 이를 파워포인트 슬라이드에 붙여넣은 뒤, 파워포인트 서식메뉴에서 '자르기' 기능을 찾아, 공들여 정교하게 편집작업을 마쳤다.

다소 번거로운 공정이지만 오랜 시간 이렇게 화면을 캡처하다 보니 이제 제법 손에 익어 동작이 민첩하다. 정 강사는 자료 하나를 찾은 뒤 교안에 빠르게 옮겨 가공하는 숙련된 캡처 과정을 나름 자랑으로 삼는다.

그래서 후배 강사와 만나서 교안 만들기에 대한 이야기를 하던 중에 화면 캡처에 대한 능숙한 시범 실습을 보여주기까지 하였다. 순간 버튼 누르기와 현란한 마우스 클릭으로 몇 번의 공정을 통해 완성된 한 장의 이미지 캡처는 몇 년에 걸쳐 체득한 노하우인 양, 후배에게 무언의 자랑거리였다. 그러나 이를 지켜본 후배는 한마디로 정그물 강사에게 이렇게 말한다.

"선배님 무슨 이미지 캡처를 이렇게 번거롭게 해요, 그냥 캡처 프로그램 깔아서 바로 캡처, 복사, 붙이기 하면 될 것을."

후배가 제시한 더 빠르고 효율적인 캡처 프로그램을 본 정그물 강사는 수년간 컴퓨터 자판을 빠른 독수리 타법으로 해온 것을 탁월한 능력으로 여겨온 것과 같은 쑥스러움을 느꼈다.

가장 효과적인 '캡처' 방법을 찾아라

사실 이미지 또는 동영상 캡처 등은 강의 교안을 만들 때 빈번하게 활용하는 기술이지만 전체 강의에서 차지하는 비중은 그다지 크지 않다. 하지만 이러한 기본적인 기능조차 강사들이 제대로 활용하지 못하고, 또 활용한다고 해도 예전의 방법에 길들여져 있다면 다른 분야의 강의 도구(tool)를 활용할 때에도 학습과 발전 속도는 더디게 될 것이다.

위의 모니터에 보이는 화면이나, 이미지를 캡처하는 과정에서도 더욱 빠르고 편리하게 이를 도와주는 캡처 프로그램들이 많이 있는데, 왜 그토록 비효율적인 과거의 방법을 고집해왔는지 모를 일이다.

컴퓨터 운영체계에 숨어 있지만 꺼내서 사용하면 매우 요긴한 내장 '캡처도구'는 매우 편리한 정지화면 캡처 프로그램이다. 과거에 그토록 어려웠던 동영상 캡처도 요즘은 프로그램 하나 깔아서 동영상을 보다가 '동영상 퍼가기' 버튼을 누르면 간단하게 해결된다.

스마트폰의 화면 캡처는 더 쉽다. 버튼 한 방이면 끝난다(버튼 두 개를 동시에 눌러야 하는 스마트폰도 있다. 제조사별로 다르다). 이러한 프로그램이나 어플 등을 지금 이곳에서 하나하나 설명하는 것은 사실 의미가 없다. 왜냐하면 시간이 지나면 더 빠르고 손쉬운 '캡처 도우미'가 등장하기 때문이다. 강의 교안 제작에 유용한 도구들은 계속 발전해 눈 뜨고 일어나면 새로운 것이 쏟아진다.

그래서 일단 '지금은 이런 방법이 가장 좋더라' 하는 것을 익히고, 더 좋은 것들을 발견하면 그때 그것을 받아들이면 된다. 새로운 것에 대한 사용법은 온라인상에 누군가가 친절하게 안내해준다. 윈도우에 내장된 '캡처도구' 사용이나 '동영상 퍼가기' 등도 인터넷 검색창에 입력하면 수많은 블로거들이 자신의 블로그에 친절한 사용설명서를 올려주고 있으니 디지털 스마트 세상 만세다. 사실 캡처 하나만 잘해도 강의 교안은 뚝딱뚝딱 멋스런 모습을 찾아갈 수 있다.

캡처해서 내 것으로 만들어라

이미지 캡처는 단순히 자료를 퍼오거나 이동시킨 것에 불과하다. 엄밀한 의미에서 보면 공개적일지라도 훔쳐온 것이다. 사실 남의 것이다. 그것을 내 것으로 만들기 위해서는 잘 가공해야 한다.

도자기를 한 번 구워낸 것이 초벌구이라면 가공해서 재벌구이를 하는 식이다. 여기에 유약이라도 발라주면 완성된 자료가 나온다. 아무런 의미 없이 가져온 자료는 볼품없거나 쓸모없는 정보일 수 있다. 일단 강의에 쓸 만한 자료를 구하면 잘 가공해 더 괜찮은 자료로 탈바꿈시켜야 한다. '구슬이 서 말이라도 꿰어야 보배다'라고 하지 않는가? 강사들은 일단 여러 통로로 유용한 정보를 캡처하는 것이 중요하다. 그리고 내 강의 교안에 접목시켜 고치고 다듬어야 한다.

자 그럼 한번 해보자. 강의 주제가 서비스(CS) 분야이고 이 중 '바람직한 표정'에 대해서 강의한다고 했을 때, 대개의 강사들은 미소짓는 표정으로 '입꼬리 올리기'를 강조한다. 입꼬리를 올리는 것은 표정에서 대단히 중요한 기술이라는 조언을 아끼지 않는다. 그런데 이 강의를 말로만 한다면 효과가 있을까? 실습도 있겠지만 그전에 이미지를 보여주는 것이 선행되면 좋겠다.

입꼬리에 대한 효과적인 이미지가 뭐가 있을까 고민해보았다. 맞다, 바로 이거다. 자연스러운 최상의 미소는 바로 '모나리자'의 표정, 모나리자의 입꼬리는 가히 표정관리의 교과서다.

여기서 잠깐, 원래 작품에서 자연스럽게 살짝 올라간 모나리자의 입꼬리가 내려가 있다면? 재미를 줄 수 있다. 인터넷 이미지 검색을 찾아보니 모나리자 입꼬리의 상반된 그림이 나온다. 누군가 수고롭게 컴퓨터 작업을 해서 올려놓은 것 같다. 이미지를 캡처했다. 뭔가 있어 보인다. 근데 이게 다 일까?

비교가 되게끔 가공해야 한다. 두 가지 이미지를 곧바로 보여주는 것보다는 일단 원래 모나리자의 온화한 미소를 띄워놓고 바람직한 표정을 제시한 뒤에 입꼬리가 처진 모나리자를 파워포인트 애니메이션으로 나오게 한다. 그렇게 함으로써 입꼬리 하나가 표정에 상당한 영향이 있다는 내용으로 강의할 수 있다. 그리고 기억할 만한 메시지 하나를 써놓는다.

"입꼬리 하나만 바뀌어도 표정이 달라진다."

어떤가, 강의자료에 가히 이용할 만하지 않은가? 이런 것이 바로 이미지 캡처와 가공의 힘이다. 내가 하는 강의에 적용할 만한 이미지를 찾아 이렇듯 가공단계를 거쳐 내 것으로 만들면 비록 원 소스 (source)는 가져왔을지라도 이 자료는 지적 소유권에 위배되지 않는 범위 내에서 나의 강의자료가 된다.

강의에 쓰일 자료와 소재들은 무궁무진하며, 주변에도 많이 있다. 내가 사진 하나 찍는 것도 분명 일종의 캡처 행위이며 일상의 풍경들

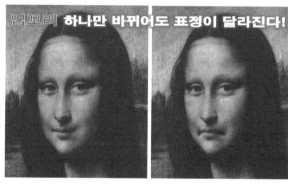

이 모두 강의 소재가 될 수 있다. 길을 가다가 거꾸로 매달린 간판을 찍어와서 '창의적 역발상' 강의에 적절한 예시로 활용할 수도 있다.

언제 어디서나 그때그때 수시로 캡처해서 갖고 있다가 필요할 때 불러내 활용하는 것이 편리하다. 즉 당장 강의에 쓸 자료라고 판단이 서지 않으면 캡처 물류창고처럼 잘 보관해두었다가 나중에 강의자료로 이용가치가 있을 때 선별해서 활용하는 방식이다.

무엇보다 강사들에게는 범인을 잡는 형사처럼 언제나 자신의 강의를 돋보이게 할 만한 뭔가를 끊임없이 찾아내고 그것을 자신의 강의로 끌어들이는 작업이 중요하다. 그러다 보면 범인도 잡고 상도 받듯이, 청중에게 좋은 자료를 제공하고 강의 평가도 잘 받을 수 있다.

SNS를 활용한
스마트한 정보관리

가끔씩 텔레비전에도 등장하고 명사 특강에 좀처럼 빠지지 않는 구석기 소장은 인문학 강사로 유명하다. 특히 그가 강의하는 삼국지 리더십, 손자병법 처세술은 누구나 듣고 싶어 하는 인기 많은 강좌다. 쇄도하는 강연 의뢰에 구 소장은 스케줄을 관리하는 데에도 분주한 시간을 보낸다. 높은 지명도 덕에 어느 순간 SNS에 관련 동호회까지 생겨났다. 그러나 구 교수는 그곳에 한 번도 방문한 적이 없다. 그는 SNS와는 그리 친하지 않기 때문이다. 남들은 페이스북, 블로그 같은 SNS를 활용해서 정보도 공유하고 때로는 강의 마케팅을 한다지만 구 교수는 SNS를 통해 단순한 의사소통만 했을 뿐이다.

언제나 넘치는 강의로 행복한 비명을 지르고, 강의 또한 고전적 콘텐츠가 대부분이다 보니 굳이 SNS의 힘을 빌리지 않더라도 전혀 절박함을 느끼지 못했다. 몇 년이 지났다. SNS가 스마트 시대의 메카로 자리를 잡으면서 전 세계 인구의 절반 이상이 스마트폰을 활용한 SNS로 소통하는 시대로 접어들었다.

구 교수의 SNS 역량이 제자리걸음을 하는 동안 많은 변화가 있었다. SNS를 통한 다양한 인문학 강좌도 개설되고, 고전 인문학에 첨단 교육 이론을 결합한 새로운 형태의 강사들과 강의가 등장했다. 구석기 교수의 강의 의뢰 횟수는 빠르게 변화하는 스마트 시대의 속도만큼이나 급속도로 줄어들었다. 그에게서 인문학을 배웠던 많은 사람들은 SNS에서 찾아볼 수 있는 '어플 삼국지'와 '스마트 손자병법'에 더 많은 관심을 가졌다.

구 교수는 위기의식을 느껴 나름대로 콘텐츠도 보강하는 등 여러 가지 노력을 기울였다. SNS 세상에 관심을 갖고자 했으나 기본기가 없는 그에게 SNS는 맨땅에 헤딩하는 전략기획서를 쓰는 것과 다름없었다. 자신에게 호의를 가졌던 카페에도 문을 두드려보았다. 그러나 그 카페는 정작 원 주인공의 부재로 이미 수년 전에 활동이 정지된 유령카페가 되어 있었다. 구석기 교수는 SNS 세상과 일찌감치 선을 그었던 자신의 행동에 대해서 깊게 후회했다.

SNS 무시하다간 큰코다친다

SNS는 무섭다. 일단 성장세가 보통이 아니다. 페이스북만 하더라도 전 세계 인구의 대다수가 이용할 날도 얼마 남지 않았다. SNS 없이는 비즈니스는 생각할 수 없게 되었으며 웬만한 정보는 모두 SNS를 통해 전파된다. 사람들과 대화는 SNS를 통해서 더 활발해지고, 조직 안에서 소통수단도 SNS가 막강한 영향력을 행사하고 있다. 스마트폰 중독에 빠지고, '팝콘브레인'(popcorn Brain: 첨단 디지털 기기에 익숙한 나머지 뇌가 팝콘처럼 튀어오르는 즉각적인 자극에는 강하지만 현실에는 둔감하고 무기력해지는 현상)이 우려되는 역기능을 낳기도 했지만 아직까지 쌍방향 커뮤니케이션 도구로서 이만한 대안은 찾기 힘들다.

강의계에서도 SNS의 활약은 눈부시다. 유명강사치고 SNS에 동영상 하나 올리지 않는 사람이 거의 없다. 강의에 대한 트렌드, 새로운 정보는 SNS가 먼저 선수를 치고, 뜻이 맞는 강사와 학습자들 모두 SNS 모임으로 결속을 다지고 있다. SNS 마케팅과 홍보 효과도 막강하다. 교육담당자의 강사 발굴 소스는 더 이상 입소문이 아닌 SNS 소문이다. SNS에 멋있게 노출된 강사를 보고 담당자는 강의를 의뢰하기 위해 휴대폰을 누른다(SNS를 검색하면 강사들의 연락처까지 얼마든지 찾을 수 있다). 물론 거품경제처럼 SNS에서 유명한 강사가 생각보다 별로일 수도 있지만 아무튼 SNS의 파급력은 기대 이상이다.

어떤 강사는 무심코 올린 SNS 강의 동영상이 몇십만 조회수를 기록하면서 일약 스타강사의 반열에 오르기도 하였다. 정보는 또 어떤 가? 감동의 글, 멋지게 한 말씀, 기억에 남는 에피소드, 배꼽잡는 유머는 대부분 태생이 SNS인 것으로 착각될 정도다. 강사들이 SNS에 떠도는 재미있는 것을 무심코 퍼와서 강의에 쓰다가 망신을 당하기도 하고, 변방에 숨어 있는 꽤 유용한 SNS 콘텐츠 덕에 강의에 비타민 영영제를 맞기도 한다. 이처럼 실보다 득이 많은 SNS를 어찌 활용하지 않을 수 있겠는가? 그러나 강사들은 SNS에서 정보를 찾아 강의에 활용하기 위해서는 다음 몇 가지를 고려해야 한다.

① SNS 정보가 진정 강의에 유용한가?
② 지나치게 대중적이거나 일반적인 자료는 아닌가?
③ 가공했을 때 강의자료로서 가치가 있는가?
④ 가공된 자료가 교육 효과와 피드백을 주기에 충분한가?
⑤ 자료 등이 원 제공자의 지적 소유권 등과 관련해 문제가 되지 않는가?

SNS에 떠다니는 「내려놓기」라는 시를 찾았다고 하자. 이것을 어디에 활용할 것인가? 창의력이나 기획력, 아니면 리더십에? 아니다, 이시는 강의 메시지의 어느 한 부분에서 활용하는 것이 적절하다. 집착이나 고민을 내려놓으라는 것이니, 리더십 중 일 중심적 사고에서 벗어나라는 이야기를 할 때나 프레젠테이션 과정 중 발표 시 긴장감에

너무 집착하거나 민감하지 말라고 당부할 때 이 시는 좋은 치유제가
될 수 있다.

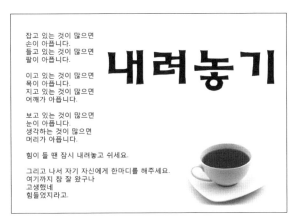

출처: 〈좋은 생각〉

SNS상의 단편 정보가 강의 교안이 되기까지

SNS에서 우연히 발견한 강의에 쓸 만한 자료 하나를 이제 나의 교
안으로 옮겨보자. 익숙한 솜씨로 ctrl+c(복사하기), ctrl+v(붙여넣기)를 하
거나 그대로 링크를 옮겨오는 복제품을 만들면 안 된다. 트랜스포머
에서 자동차가 강력한 로봇으로 변신하듯 옮겨야 한다. 페이스북에
뉴스가 하나 떴다고 해보자. 신문을 보고 누가 재빠르게 캡처해서 옮
겨놓은 자료다.

내용을 보면 장황하다. 그렇다면 강의 교안에는 이를 어떻게 옮겨
와야 할까? 페이스북에 공유된 신문기사 이미지를 있는 그대로 가져
와 교안에 붙여 넣으면 곤란하다. 자칫하면 정보보호법과 저작권법
에 위배되기도 한다. 일단 30위를 10위로 압축해 정리하고 의미 있
는 순위의 내용은 강좌나 애니메이션 등을 통해 새로 설정해주는 것
이 좋다. 이미지도 너무 많으니 하나만 배치한다.

여기서 주의할 점은, 자료를 단순히 보여주는 수준에서 끝내서는

 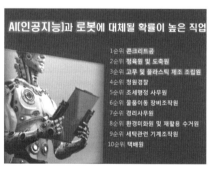

출처: 한국고용정보원

안 된다는 것이다. 짧은 시간 흥미를 유발하는 스팟 자료로만 활용해도 난감하다. 반드시 교육 주제와 연결하거나 교육 내용과 관련된 피드백을 찾아야 한다. 앞의 자료는 자기계발이나 미래설계 또는 위기관리 테마에 적합하고 피드백은 AI나 로봇으로 대체되지 않도록, 대체될 가능성이 없도록 나만의 경쟁력을 확보하라는 메시지를 덧붙이면 훨씬 설득력이 강해진다.

결국 SNS를 활용한 정보관리는 온라인상에 수도 없이 떠돌아다니는 공개자료 중에서 잘 고른 것들이 나의 강의 주제와 어떻게 연결하느냐에 달려 있다.

강사에게 필요한 SNS와 활용 팁

구분	활용법	비고
카카오톡 (메신저)	• 보편적 커뮤니케이션 수단 • 휴대폰 문자 메신저의 효율적 대체 • 단체 카톡은 인원이 지나치게 많지 않도록 설정 (20명 이내 권장) • 카카오스토리는 친한 친구 위주로 설정 및 활동 • 카카오페이지는 사업공유와 마케팅 수단으로 활용	PC버전 동기화 활용 시 효과적
페이스북 (인맥관리)	• 가장 일반적 인맥 관리 플랫폼 • 다양한 글로벌 정보수집 창구(페이지, 뉴스피트, 그룹 등) • 포털 SNS로서 강의 퍼스널 브랜딩 홍보용으로 활용 권장 • 필요 시 그룹 만들기, 메신저 등과 병행 • 탐색 위주보다 직접 등록 및 참여	
밴드 (커뮤니티)	• 동창회, 동호회, 단체 및 모임의 대표적 SNS • 1,000명 이내와 무제한 멤버 설정 시 기능 차이 • 신중하게 가입하고 가입 후에는 적극적인 활동 권장 • 휴면 밴드가 되지 않도록 유지 관리	
기타	• 블로그(개인 포트폴리오 기반 지식전달 및 공유 창구) • 인스타그램(이미지 블로그 어플리케이션) • 트위터(소통과 공유의 마이크로 블로그) • 유튜브(동영상 검색 및 공유)	

로직트리식
파일관리

　'이상하다, 자료를 어디다 두었더라?' 강의를 앞두고 기존 자료를 찾던 왕산만 강사가 컴퓨터를 이리저리 뒤적거린다. 컴퓨터 바탕화면에는 온갖 폴더와 파일들로 가득 차 있다. 서로 뒤엉켜 있는 파일 속에서 왕 강사는 몇 개월 전에 했던 '셀프리더십' 강의 교안 파일 하나를 찾는 것조차 헤맨다. 이동식 디스크에 있는지 뒤져봤다. USB는 똑같은 것이 몇 개씩이나 굴러다니는데, 하나하나 열어보니 어떤 것에는 영화파일이 담겼고 어떤 것은 해묵은 MP3음악이 가득하다. 겨우 강의파일이 담긴 USB를 발견했는데, 찾던 파일은 없고 최근 몇 개의 강의자료만 들어 있을 뿐이다.

다시 컴퓨터에 의존해 폴더들의 문을 두드렸지만 찾고자 하는 강의파일은 숨바꼭질 하듯 꼭꼭 숨어 나오지 않는디. 컴퓨터에서 '셀프리더십'으로 파일을 검색했더니 관련 자료가 37개나 탐색창에 고개를 내민다. 그러나 공교롭게도 왕 강사가 원하는 파일만 없다.

왕산만 강사는 곰곰이 생각했다. '이건 뭐 머피의 법칙도 아니고, 도대체 그 강의 때 무슨 일이 있었던 걸까?' 한참 지난 뒤에야 그는 원인을 찾았다. 돌이켜보니 한창 지방 출장을 다닐 때, 노트북으로 교안을 작성한 후 그 파일만 백업해놓지 않고 노트북 안에 방치해 두었다. 나중에 노트북을 업그레이드하면서 당연히 데스크톱 PC에 있을 것으로 판단해 최근 강의자료만 빼낸 뒤에 윈도우 초기화를 해버린 것이 원인이었다. 왕 강사는 다시 강의 준비를 하면서 진땀을 흘려야 했다. 비록 소 잃고 외양간 고치는 심정이었지만 앞으로는 체계적인 파일관리를 해야겠다고 다짐하고 또 다짐했다.

로직트리 기획 개념을 파일관리에 적용하라

로직트리(Logic-Tree) 이론은 글로벌 경영컨설팅 회사인 맥킨지 사의 논리적 사고(Logicl Thinking)를 뒷받침하는 논리구조화 이론이다. '논리의 가지치기'를 의미하는 것으로 주요 내용을 트리(tree) 구조로 세분화해 분석하는 방법이다. 즉 논리를 큰 가지로부터 중간 가지,

작은 가지 등으로 뻗어나가는 것인데 큰 개념부터 작은 개념까지 차원을 낮추어가는 내림차순 식의 정돈 방식이다.

단계적 세분화를 통해 그 내용은 큰 항목– 중간 항목–작은 항목–세부내용으로 나눠지기 때문에 하나의 구심점을 바탕으로 내용들이 유기적으로 결합하는 장점을 지닌다. 때문에 이러한 로직트리 개념은 문제해결에서 해결의 방법론을 찾거나 논리적인 기획문서를 작성하는 데 매우 유용하다.

강의에서도 이런 로직트리 개념을 도입할 필요가 있다. 적어도 과목분류에 안성맞춤이다. 우선 강의 부분을 로직트리로 세분화해보자. 만일 내가 기획력을 강의한다면 이를 분류했을 때 전략기획, 문서 작성 기획, 글쓰기 등으로 나눌 수 있겠다.

그리고 전략기획은 사업기획, 마케팅기획, 영업기획 등으로 분류할 수가 있고, 문서 작성 기획은 보고서 작성, 제안서 작성, 기타 문서 작성으로 나눌 수 있다. 글쓰기는 문장작성법, 문장교정법, SNS상의 글쓰기로 나눌 수 있다. 이를 로직트리로 그려 세분화하면 다음과 같다.

강의 부분을 분류하듯이, 강의파일 또한 주어진 항목을 중심으로 강의 주제와 강의 교안 파일을 폴더 형태의 로직트리식 파일관리를 하면 더욱 체계적이고 검색하기에도 용이하다.

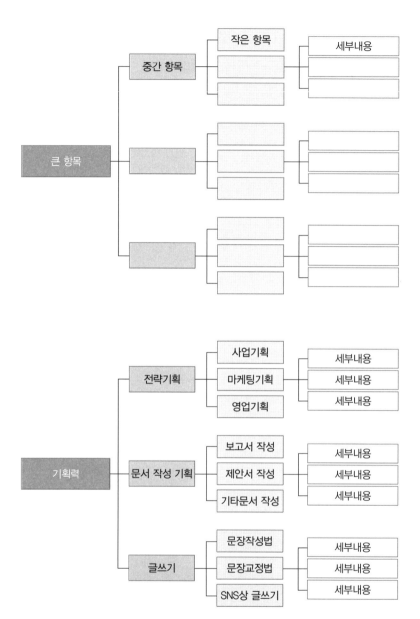

로직트리

내 컴퓨터에 로직트리를 심자

자 이제 강의파일을 관리해보자. 컴퓨터를 열면 하드디스크 드라이브가 있다. 보통 파티션을 해서 2, 3개로 분류된다(일반적으로 c: 또는 d: 드라이브). 컴퓨터는 한낱 기계덩어리이기에 언제든 오작동으로 오류를 일으킬 수 있다. 따라서 컴퓨터 초기화(포맷)를 하는 경우를 대비해 강의파일은 운영체계가 깔린 드라이브(대개 C:)는 피하는 게 좋다. 초기화를 해도 파일만은 잘 보존해야 한다. 혹시 또 모르니 이중 삼중으로 안정망, 이동식 하드디스크에 백업해놓는 것도 잊지 않길 바란다.

이제 본격적인 파일관리! 컴퓨터 드라이브에 여러 가지 폴더가 있다면 '나의 강의실'이라는 폴더를 만들자. 이게 곧 로직트리의 큰 항목이다. 강의실을 들어가면 연도별 강의실 폴더를 하위 폴더로 만든다. 강의 몇 년 하고 그만둘 거 아니니까 연도별 파일관리가 경험상 가장 적절하다.

연도별 폴더는 3년 정도만 해놓으면 좋다. 3년이 지나면 자료창고 같은 다른 백업 하드디스크로 옮기면 된다. 자 그럼 2016년 강의 폴더로 들어간다. 나의 강의과목 폴더를 만든다. 필자는 창의력, 기획력, 프레젠테이션, 문제해결, 자기계발, 기타 특강으로 폴더를 꾸몄다.

기획력 폴더 안으로 들어왔다. 여기서의 세부 폴더는 기획력을 세분화하지 말고 강의 의뢰 기관이나 회사별로 분류하면 좋다. 이때 폴더에 강의 제목과 날짜도 기입한다. 그러면 1년 동안 기획력 강의를 한 곳에 대한 실적이 나중에 한눈에 들어와 분류도 쉽고, 탐색도 편리해진다.

세부적인 강의 대상 기업이나 기관이 적힌 폴더에 그 날짜에 이루어진 강의 전반에 관한 모든 자료(강의의뢰서, 학습자용 교안, 강사용 교안, 그리고 관련 동영상 등)를 보관한다. 참고자료가 많을 경우는 그 안에 별도의 폴더를 또 만들어 활용하면 된다. 그래야만 나중에 그때 그 강의와 관련한 모든 정보를 쉽게 바로 찾아낼 수 있다. 동일한 강의가 들어오면 그 폴더를 복사해서 날짜를 바꾸고 가공하면 준비하는 시간도 단축할 수 있다.

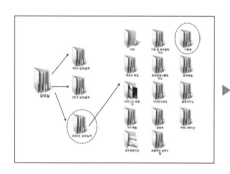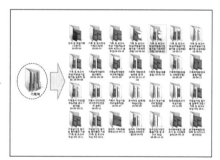

로직트리식 강의 폴더관리

강사들마다 자신의 자료와 파일을 정리하는 방법이 다르다. 필자는 거의 15년째 강의를 해오면서 다양한 방법으로 파일관리를 했는데, '이러한 방법이 가장 효율적이구나'라는 것을 체험하고 있다. 강의 과목이 적고, 분류할 강의가 없더라도 꾸준히 로직트리를 활용해 관리해보라. 논리의 가지치기를 하는 것처럼 강의의 줄기가 뻗어나가는 모습에서 나의 강의의 성장세도 확인할 수 있다.

또한 폴더 안에 들어 있는 수많은 강의 관련 파일들은 지나온 나의 강의의 실적이자 소중한 추억이 되기도 한다. 조금씩 늘어나는 폴더와 그 속의 파일과 더불어 나의 강의 교안은 더 나은 모습으로 다듬어지고 강의도 발전한다.

정보원 키우기

"여직원이 다 알아서 해주는데 무슨 걱정이야." 잘나가는 교육업체 노정보 대표는 자신만만이다. 17년 베테랑 강의 경력을 자랑하는 그는 비서까지 두고 바쁘게 강의를 다닌다. 자료 검색이며, 파워포인트 교안 작성은 오롯이 비서가 한다. 그가 신문, 잡지 같은 아날로그 정보망에서 얻은 강의 참고자료를 비서에게 던져주면 그녀는 하루 만에 멋진 파워포인트 교안을 만들어낸다. 노 대표는 이를 읽고 숙지해 강의를 하고, 이런 식으로 나름대로 강의의 선순환 시스템을 만들어 놓았다.

강의를 듣는 사람들은 나이가 지긋함에도 수준 있는 파워포인트 디스플레이를 구사하는 노 대표를 존경해 마지 않는다. 모두들 강의자료가 그의 손을 거친 줄 알지만 사실 노 대표는 파워포인트 맹(盲)이다. 더 나아가 디지털, 스마트 정보하고는 거리가 멀다. 스마트폰도 통화 용도와 간단한 SNS 이외에는 폰에 깔린 어플은 휴면계좌나 다름없다. 신문, 책, 텔레비전 방송매체가 유일한 정보원이다. 그러고도 잘 버텨온 것은 전적으로 능력 있는 비서 덕분이었다. 그런데 그 비서가 돌연 공부를 더 하겠다며 사직서를 냈다. 당장 노 대표는 정보관리 대변인의 부재에 따른 현실적 불편을 온몸으로 체감해야 했다.

그녀를 대신할 새로운 비서를 데려오기 전까지는 더 이상 강의를 업그레이드할 수 없다. 노 대표는 신문에서 오려낸 스크랩자료도 컴퓨터로 옮기지 못한다. 방송에서 얻은 중요한 강의 소스는 수집된 정보 자체일 뿐 그의 강의에 녹아들지 못한다. 노 대표의 책상 컴퓨터의 인터넷 '즐겨찾기' 부분에는 사이트 주소록이 하나도 없다. 새 비서가 올 때까지 그의 강의는 정체되고 있다. 그는 아날로그 방식에는 박사이지만 디지털과 스마트 방식은 학사 수준에도 미치지 못한다.

온오프를 넘나드는 정보원을 관리하라

요즘 '오투오(OtoO: Online to Offline 또는 Offline to online)' 비즈니스 모델이 인기를 끌고 있다. 온라인 오프라인을 유기적으로 연결해서 가치를 창출하는 서비스인데, 새로운 사업으로서 부상하고 있다. 특히 스마트폰을 통한 숙박, 운송, 음식점, 상품 등의 실시간 예약 및 활용 서비스는 점차 생활 전반으로 확대될 것으로 보인다.

이제는 온라인과 오프라인은 그야말로 경계가 없는 정보세계가 되었다. 강의 정보관리도 전천후 방식의 '오투오' 모델을 적용해야 한다. '그곳에 가면 뭐가 있다'는 정보원을 찾고 관리하는 데 온-오프를 자유롭게 넘나들자는 것이다. 온라인에서 찾은 정보를 곧바로 오프라인 강의에 활용하고 오프라인 정보를 시의적절하게 디지털 또는 스마트화하자는 취지에서 강사들은 공통적으로 온-오프라인의 정보채널을 갖추어야 한다.

오프라인 정보수집에만 의존하거나 온라인 정보에만 길들여지는 것은 단방향 소통과 같다. 스마트폰 정보에만 집중하면 좋은 책을 외면할 수 있고, 신문이나 도서 같은 아날로그 자료만 찾다 보면 실시간 정보를 활용하는 순발력이 떨어져 구닥다리 세대라는 평가를 받을 수 있다.

아무리 세상이 발달해도 아날로그와 디지털 또는 스마트는 당분간 함께 가야 한다. 나 자신이 찾아낸 수많은 오프라인 자료들이 언젠가 떨어질 출동명령만을 기다리며 한없이 대기하고 있지 않은지 살펴보자. 인터넷 또는 스마트폰에서 찾은 자료를 캡처만 해놓고 방치해두지 않았는지 반성해보자. 아예 자신만의 오프라인 또는 온라인의 즐겨찾기 정보원이 없거나 어딘가에 기록 또는 정리조차 해놓지 않았는지 확인해보자. 위 세 가지 중 한 가지라도 해당하면 어디 가서 '오투오'라는 말을 꺼내지 말아야 한다.

나만의 정보원 체계도를 그려라

강사로서 강의에 필요한 자료를 어디서 얻어오는가? 이 기회에 정보채널과 출처를 쭉 나열해보자. 이는 중요한 정보원이다. 정보원은 크게 아날로그 정보원과 디지털 또는 스마트 정보원으로 나뉜다. 아날로그 정보원은 도서, 신문, 잡지(간행물 포함) 등이 있다.

다른 강사들의 강의교재도 유용한 아날로그 정보원이다. 디지털 스마트 정보원은 인터넷사이트, SNS상의 콘텐츠 등이 있다. 동료강사와 함께 나눈 교재파일, 동영상 강좌 등이 여기에 속한다.

펼쳐보면 강의 정보원의 세계는 대단히 넓고 다양하다. 따라서 정보원들을 한눈에 알아볼 수 있는 종합적인 체계도를 그려야 한다. 마치 강의 정보원 종합 상황실과 같다. 위의 분류에서 몇 단계 더 정보원을 세분화해보자. 아날로그 정보원 중에서 신문의 경우는 일간지-○○일보-○○○ 코너 등으로 한다. 자신이 IT 분야 강사라면 일간지에 나오는 IT세상의 소개기사를 놓치지 않아야 하고, PC관련 잡지 하나 정도는 구독해야 한다. 자주 가는 사이트를 '즐겨찾기'에 저장하는 것은 말할 것도 없다.

파워포인트 자료를 얻는 곳이 있다면 그곳은 자주 들락날락하는 단골 정보원이다. 강사들마다 나름대로 정보루트가 있으니 서로 공유하고 알아둠으로써 좋은 정보창고는 지속적으로 유지 발전시켜야 한다. 강사들의 커뮤니티, 기관이나 회사의 인재개발원(연수원) 사이트도 매우 유용한 정보원이다.

프로강사들은 세심한 정보원에도 관심을 기울인다. 강의 중 틀어줄 음악을 위해 케이블TV 음악방송이나 음원차트 사이트에 관심 갖는 강사는 분명 유능한 강사일 것이다. 어떤 강사는 따끈따끈한 최신 유머를 알기 위해 유머 카페와 커뮤니티에 가입도 하고 텔레비전 개그 프로그램은 빠지지 않고 시청하며 심지어 유머잡지를 구독하기도 한다.

강사들은 학문으로 이야기하면 잡학(雜學)에 능해야 한다. 이른바 박학다식(博學多識) 이전에 잡학다식(雜學多識)이다. 우선 이것저것 두루두루 넓게 알아야 강의할 때 콘텐츠 활용의 폭이 넓어진다. 폭넓은 지식은 여러 갈래로 퍼져 활동하는 정보원이 있기에 가능한 일이다. 정보원을 한군데 모아 체계적으로 요약해 정리한 정보원 체계도는 나에 대한 정보의 컨트롤 타워 역할을 해준다. 컨트롤 타워의 기능이 강하면 강의에 날개를 달 수 있다. 반대로 수행 정보원들이 미숙하고 변변치 않으면 강의는 그만큼 탄력을 잃는다.

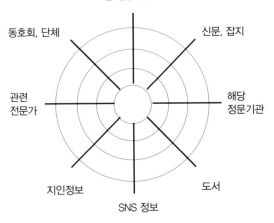

정보원 체계도

강사들이 알아두면 좋은 정보원

구분	정보원	비고
전문기관, 협회	• 한국능률협회, 한국표준협회, 한국생산성본부, 산업인력공단 • 각 일간지 편집사, HRD 잡지사(월간 HRD, 월간 인재경영) • 각 기업 인재개발원 또는 HRD 부문(삼성세리포럼 등) • 지역공무원교육원, 학교 및 기관 평생교육원 • 한국인사관리협회, 한국HRD교육센터(www.hrd21.com) • 한국강사협회(www.kela.co.kr)	

구분	정보원	비고
사이트	• 강의 섭외 및 강사 양성 전문기관 　－ 강사야(www.gangsaya.co.kr), 강사스쿨(www.ksschool.co.kr) 　－ 오픈hrd(www.openhrd.com) 　－ 러너코리아(www.learnerkorea.co.kr) • 직업전문교육, 학교교육 등 　－ 고용노동부hrd-net(www.hrd.go.kr) 　－ 잡코리아(www.jobkorea.co.kr) 　－ 각 지역 직업전문학교, 문화센터 등 • 온라인 또는 오프라인 교육전문기관 　－ 크레듀(www.kredu.com) 　－ 휴넷(www.hunet.co.kr) 　－ 메가hrd(www.megahrd.com)	
커뮤니티, 블로그, 카페	• 파워포인트 관련 　－ 파워포인트 전문가 클럽(네이버 카페) 　－ 무료 슬라이드 자료 공유(www.slideshare.net) 　－ 무료 이미지 제공(www.pixabay.com) • 인적자원개발(HRD) 전문 블로그 　－ hrdist(www.hrdist.com) • 기업교육 강사, 담당자 모임 　－ 한기소(한국기업교육소사이어티: 네이버카페) 　－ 오피이(교육담당자 모임) 　－ 인사쟁이(인사담당자 모임)	
어플리케이션	• 야놀자, 여기어때(온라인 숙박정보 및 예약) • 이강사 어때(www.storymate.kr) • 모두의 주차장(주차정보제공) • 에버노트(스케줄 관리 및 메모 어플) • 리멤버(명함 관리 어플) • 싸이메라(이미지 편집 어플)	
기타	• 관련 분야 지인 또는 전문강사 • 더 많은 SNS 정보제공: 소셜마케팅코리아(blog.socialmkt.co.kr)	인맥정보원

명강사 강의기획

4장

논리적 강의는
프레임에서 나온다

부분은 성공,
그러나 전체는 실패

문제를 해결하는 기법은 참으로 많다. 문제를 명확하게 규명한 후 단계적으로 프로세스를 적용하는 방법, 문제의 근본원인을 밝혀 해결책을 효과적으로 유도하는 방법, 문제의 모순을 찾아 이를 창의적으로 접근해 극복하는 방법 등이 있다. 문제인 강사는 이러한 문제해결의 모든 기법을 섭렵한 강사다. 문제해결과 관련한 책도 여러 권 썼다. 관련 강의에 대한 문의도 솔솔한 편이다. 문 강사는 대상자에게 문제해결에 대한 다양한 기법들을 하나하나 꼼꼼하게 설명하고 짚어준다. 그가 문제해결 기법에 대한 전문가라는 점에는 아무도 이의를 제기하지 않는다. 그러나 간혹 전체적인 강의 평가에서 문 강사는 후한 점수를 받지 못할 때가 있다.

'기법은 잘 배웠지만 이를 어떻게 적용해야 하는지에 대한 전체적인 방법론에 대해서 배웠으면 한다.'

'여러 가지 문제해결 기법 중에서 우리에게 필요한 것만 선택하고 집중해 체계적으로 학습했으면 한다.'

'다양한 문제해결 기법에 치우치기보다 처음부터 끝까지 단계적인 시뮬레이션 해결책을 다루었으면 한다.'

문제인 강사는 학습자들의 피드백을 보며 느낀 바가 많다. 자신은 숲 전체보다는 한 그루 한 그루의 나무에만 치중했다는 생각이 들었다. 부분으로 보면 허점이 없더라도 전체적 맥락에서 보면 매끄럽지 않은 강의라고 생각했다. 문 강사는 강의를 준비할 때 부분보다 전체를 보는 데 더 많은 시간을 할애하기로 마음먹었다.

백화점식 강의는 반쪽짜리 강의

스타강사가 진행하는 유명한 강의를 직접 들으면 강의 각 부분의 내용은 참 좋지만 전체적인 강의의 흐름과 완성도는 떨어진다는 느낌을 받을 때가 있다. 꼭 내용 없이 흥미진진한 볼거리만 가득한 헐리우드 액션영화를 본 기분이랄까. 이것저것 좋은 장면과도 같은 콘텐츠를 강의에 끼워 맞춰 백화점식으로 진열해놓은 것까지는 좋은

데, 여러 가지를 과시하기 좋아하는 마니아들에게나 환영 받을 수준이다.

일정한 강의 교안 없이 뛰어난 말솜씨로만 전체 강의를 소화해내는 강사들은 참 대단하다고 본다. 재미있는 내용을 잘도 모아 맛나게 섞어찌개를 끓여낸 듯 흥미가 있다. 하지만 일부 강사들의 강의는 재미만 있을 뿐 강의 전체가 잘 연결되지 않아 강의를 듣고 나서 몇 가지 짧은 메시지 이외에는 남는 것이 거의 없을 때가 많다.

파워포인트 교안을 띄워 강의하는 강사들의 사정 또한 만만치 않다. 어떤 강사들의 강의 교안을 들여다보면 맥락이 없는 것은 둘째치고 마치 여러 스타일의 파워포인트 슬라이드를 하나의 파일에 섞어놓은 듯한 '짜깁기 교안'을 적잖이 발견할 수 있다.

이러한 교안은 십중팔구 둘 중 하나다. 강의 교안 작성을 본인이 한다고 했지만 여러 사람이 만든 슬라이드를 군데군데 옮겨왔거나 아니면 해당되는 다른 슬라이드 자료 몇 장을 아무 손질 없이 그대로 가져다 쓴 경우다. 그러다 보니 기존 흐름이 깨지고, 여기저기 일관성 없는 콘텐츠들이 달라붙어 논리 프레임이 산만하다.

자세히 보면 하나하나 괜찮은 콘텐츠이지만 멀리 떨어져서 보면 유기적으로 연결되지 않은 채, 각개약진하는 콘텐츠들을 어떻게 해야 할까? 이제 강의 교안도 자동차 차체, 또는 건축물의 골조(뼈대)와도 같은 프레임을 명확히 설정해 막힘없이 뻥 뚫리게 교통정리를 해주어야 할 것 같다.

강의 교안이 끼워 맞춤 형태의 백화점식이 아닌지를 판단하는 세 가지 기준이 있다. 이는 교안을 작성하지 않고 입심으로 강의하는 강사도 생각해야 할 요소다.

① 주제에 맞는 내용들을 구성했는가? 특히 전혀 상관없는 자료는 없는가?

② 서론-본론-결론, 또는 기-승-전-결 등, 어떤 형태든 강의의 흐름을 예상할 수 있는가?

③ 콘텐츠 상호간의 연결이 지나치게 작위적이거나 부자연스럽지 않은가?

강의설계도를 페이퍼 워킹하라

무조건 밀어붙이려는 '무데뽀 정신'이라고 들어봤는가? 강의를 기획하고 교안을 만들 때 이런 강사들 많다. 걸죽한 입담만 믿고 샛길로 갔다 다시 오기를 반복하는 궤도이탈형 강사, 강의 내용을 담은 파워포인트 슬라이드를 쫘악 펼쳐놓았지만 헝클어져 있는 내용들처럼 논리가 흐트러지는 갈팡질팡형 강사, 무조건 표지 이하 첫 페이지부터 두서없이 내용을 가득 채워 내놓은 날림공사형 강사들까지 각양각색이다. 이들의 공통점은 모두 막무가내로 강의를 한다는 데 있다.

규모의 경제, 경제개발 시대에나 먹힐 수 있는 불도저 방식을 강의 현장에까지 가져오지 말자. 집을 지을 때 제일 먼저 무엇을 하는가? 설계도부터 만들지 않던가? 자동차를 만들 때도 설계도가 없으면 조립이 가능하겠는가? 강의할 때도 반드시 설계도가 있어야 한다. 교안은 강의 설계의 최종본이고, 교안 작업 이전에 강의에 대한 전반적인 것을 계획한 것이 바로 설계도다.

이는 교안을 만들거나 만들지 않더라도 페이퍼 워킹으로 강의의 전반에 대해 작성한 기록물이다. 강의 목차일 수도 있고, 진행 흐름을 기록한 것일 수도 있고, 내용의 핵심사항을 적어 연결한 메모일 수도 있다. 구체적이지는 않더라도 강의 제목을 뒷받침하는 타이틀 요목 등은 설계도를 이루는 필수 내용물이다. 이러한 굵직굵직한 사항들은 페이퍼 워킹으로 작성하는 게 원칙이다. 세부내용들은 강의를 준비하거나 컴퓨터로 교안 작업을 하면서 구체화하면 된다.

예를 들어보자. 고객만족 서비스에 대한 특강을 한다고 했을 때 인사, 표정, 용모, 복장, 태도, 마인드같이 그 많은 고객만족 분야를 다 다룬다면 '고객만족 서비스 백화점'이다. 강의를 의뢰한 곳에서 가장 필요한 고객만족 요소가 무엇인지 필요점을 파악한 결과, 인사나 표정이 부각되어야 한다고 결정했다면 아무런 준비 없이 교안을 만들거나 강의할 때 곧바로 인사예절과 표정관리를 이야기하지는 않을 것이다.

나름 개략적인 논리를 만들어야 한다. 그래서 우선 페이퍼 워킹을

강의 내용 페이퍼 워킹 기록

해보자는 것이다. 콘텐츠 항목을 적은 다음, 넣을 건 넣고 뺄건 빼면서 윤곽만 드러날 수 있는 강의설계도를 그려보자. 설계도라고 하지만 자유로운 기술 그 자체다. 건축물 설계도나 로봇 설계도를 연상하면 안 된다. 흔히 이야기하는 대략적이고 다듬어지지 않은 거친 기록이다. 나중에 목차를 통해서 확정지으면 된다. 위에서 제시한 창의력 관련 강의에 대한 기록 또한 강의 요목만을 적더라도 나름대로의 기초적인 설계를 할 수 있다. 앞의 고객만족 서비스 특강 또한 순차적 개념으로 설계도를 작성해보니 '고객만족 서비스의 중요성-우리에게 요구되는 서비스 역량-인사, 표정의 기본기-상황에 맞는 다양한 인사예절(실습 병행)-고객에게 만족을 주는 표정관리(실습 병행)-밝은 인사와 표정의 생활화로 활기찬 직장 만들기' 이렇게 나온다. 한결 흐름이 잡혀 보인다.

우선 대략적 흐름을 잡고 차츰 다듬어가면 완성도 높은 강의 프레임을 만들 수 있다. 이러한 작업을 거쳐야 좋은 강의안이 나온다. 아무리 임기응변이 뛰어나고 교안을 잘 만드는 재주가 있어도 이러한 기본 설계도가 없으면 엉뚱한 결과물(output)이 나올 수 있다는 사실을 명심하자.

강의의 내비게이션!
목차 만들기

목차만 강사는 매우 논리적인 사람이다. 그는 모든 강의를 마치 정교한 프레젠테이션을 하듯이 '서론-본론-결론' 식으로 전개해야 한다고 주장한다. 그래야 강의가 궤도를 이탈하지 않고 물 흐르듯이 자연스럽게 흘러갈 수 있다고 한다. 그의 강의 교안에는 항상 표지 슬라이드 뒤에 목차 슬라이드가 따라붙는다. 목 강사는 이렇게 목차만 탄탄하면 강의는 문제될 것이 없다고 생각한다.

반면 노순서 강사의 강의 교안에는 목차가 없다. 그는 걸죽한 입담과 유연함으로 강의한다. 그는 지나친 논리적 강의는 학습자의 흥미를 반감시킬 수 있으며 강의 흐름을 설계하지 않아도 내용 전달에는 전혀 문제가 되지 않는다고 생각한다.

목차만 강사와 노순서 강사가 모 기업에서 같은 날 앞뒤로 상의를 했다. 목차에 의한 논리 정연한 강의, 다소 산만하지만 틀에 얽매이지 않는 유연한 강의, 두 강사 중 누가 더 좋은 평가를 받았을까?

쉬는 시간에 교육생들이 이야기한다.

"어쩜 그렇게 스타일이 다르지? 두 강사의 장점을 잘 버무리면 정말 최고의 강의라고 할 수 있겠는데 말이야!"

그러자 옆에 있던 다른 교육생이 한마디 거든다.

"하지만 두 분의 단점을 합치면 정말 최악의 강의라고 할 수 있어. 재미는 없고, 논리도 엉망인 강의가 되겠지."

스토리보드처럼 흘러가도록 하라

강의를 마치 프레젠테이션 기획안을 쓰는 것처럼 '서론-본론-결론' 식으로 치밀하게만 진행한다면 강의 후기에 재미없다는 악플이 서너 개는 족히 달릴 것이다. 또한 참신한 내용은 좋지만 정리가 안 된 상태에서 이리저리 왔다 갔다 하는 강의에도 청중은 불만을 갖는다. 내용은 치밀하고 논리적이지만 지독히 재미없는 영화나, 볼거리는 잔뜩 있지만 극적인 흐름이 꽝인 영화나 매한가지인 셈이다. 강의는 강사가 갖는 창의와 논리의 결합상품이다. 특히 강의 교안은 창의적인 콘텐츠를 논리적으로 잘 전개할 수 있어야 한다.

　스토리보드(story board)라는 말을 들어봤는가? 드라마나 영화 또는 광고에서 주요 장면을 간단하게 그려 나란히 붙인 것으로 일반적으로 시나리오를 펼쳐놓은 흐름판이라고 보면 된다. 스토리보드야말로 창의적인 스토리 원소스를 논리적으로 잘 엮은 융합물이다.

　강의는 이러한 스토리보드 방식을 준수해야 한다. 스토리보드가 흐름상의 기록물로써 영화나 광고의 순간순간을 기록하듯 강의 또한 한 단락 한 단락, 또는 슬라이드 한 장 한 장 모인 콘텐츠를 전체적인 흐름을 파악해 널빤지처럼 펼쳐놓아야 한다. 이러한 스토리보드는 페이퍼 워킹의 자유로운 강의설계도를 좀 더 체계적으로 구체

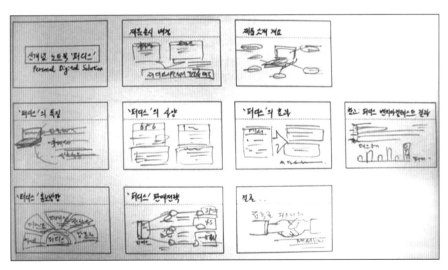

삽화 형태 스토리보드의 예

화한 것이다.

그렇다고 광고처럼 초당 프레임별로 모든 것을 상세하게 표시할 것까지는 없다. 최소한 강의의 큰 줄기인 큰 틀의 목차를 만들고 목차를 뒷받침하는 핵심내용 등을 작성하는 정도까지는 해야 한다.

대개의 경우 몇 시간짜리 강의는 슬라이드가 100페이지를 넘기기도 하니 강의 슬라이드 각장마다 스토리보드를 만든다는 것은 불가능하다. 따라서 스킵자료를 제외한 슬라이드 제목이 있는 주요 내용만 스토리보드화하는 것으로 한정시키도록 하자.

강의 스토리보드 역시 형식에 구애받지 말고 일단 페이퍼 위킹으로 작성해보는 것이 좋다. 대략적인 스토리보드가 완성된 다음에 교안을 작성하면 탄탄한 강의설계를 할 수 있다. 강의 스토리보드에서 가장 강조하는 부분은 강의의 물줄기, 즉 흐름이다. 강의가 한 편의 스토리처럼 흥미있고 매끄럽게 진행되어야 하는데 그 기초적 지침을 바로 스토리보드가 제공한다.

강의의 최적 경로를 제공하는 목차를 만들어라

내비게이션이 없다면 목적지까지 길찾기를 제대로 할 수 있겠는가? 하지만 내비게이션도 내비게이션 나름이다. 운전자에게 길이 아닌 곳을 가라고 지시하고, 막다른 골목에 차를 세우고(가끔 바다나 낭떠

러지가 나오기도 한다) '목적지에 도착했습니다'라고 안내하는 내비게이션은 오히려 길찾기를 방해한다.

강의의 목차는 곧 강의를 안내해주는 것으로, 잘 짜여진 목차는 빠른 길을 정확하게 알려주는 성능 좋은 내비게이션과 같다. 이른바 최적의 경로탐색이 내비게이션의 성능을 좌우하듯, 강의 교안도 목차를 어떻게 최적화하느냐에 따라 질적 차이를 느낄 수 있다. 경로를 이탈하지 않고 내비게이션이 안내하는 대로 단번에 목적지를 찾아가는 것처럼 끊기지 않고 물 흐르듯이 자연스러운 강의 목차를 만들어야 한다.

강의에서 목차는 굵직굵직한 콘텐츠 간의 연결이다. 연결은 곧 이음새인데, 이음새가 약하면 강의의 논리적 결속력이 무너질 수 있다. 목차가 빈약하면 전체적인 연결이 매끄럽지 않게 된다. 강의 내용끼리의 연결고리가 약하면 자칫하면 강의 내용이 산으로 갈 수 있다. 반면 목차가 명확하면 강의 주제에 맞는 일관성을 부여하고 강의 내용이 본연의 궤도를 이탈하지 않도록 길잡이를 해준다.

여기 두 가지 목차를 비교해보자. 강의 주제는 '스마트 시대에 맞는 SNS 예절'이다. 전체적인 강의 내용을 8개 섹터로 나누었을 때 A, B 두 강사의 목차는 다음과 같다.

A강사	B강사
1. SNS란 무엇인가?	1. 통계로 본 SNS 예절의 심각성

두 강사의 목차 중 누구의 것이 더 나은가? 사실 둘 다 아쉬움이 많은데, A강사의 목차는 좀 심각하다. 주제와 빗나가는 일반적인 이야기가 많고 흐름도 맞지 않다. 게다가 갑자기 원만한 소통을 위한다니 참 당황스럽다. 사실 이런 식의 강의 내용을 전개하는 강사들이 적지 않다. 입담과 개인기로 맞지 않는 흐름을 방어하려는 강사들은 논리적인 교안 정비부터 해야 한다.

B강사는 주제에 맞는 필요한 내용들을 잘 언급했지만, 전개순서에 아쉬움이 있다. 아무리 격식없는 강의라도 전체적인 것부터 부분적인 것으로 진행하면서 '서론-본론-결론'의 구조를 맞춰주는 것이 좋다. 서론에 있는 것들이 본론으로 가 있는 등 뒤죽박죽이다. 순서만 바로잡으면 논리적으로 괜찮은 강의 원고가 나올 수 있다. 이렇게 수정하면 어떨까?

명강사 강의기획

목차가 바로 잡히니 강의의 프레임(틀)이 올바로 설정된 듯하다. 강의의 프레임은 뼈대에 비유할 수 있다. 그중에서도 통뼈인 셈인데, 통뼈가 튼튼해야 건강하다. 뼈대만 잘 갖춘 상태에서 내용에 살을 붙이면 몇 시간의 강의도 거뜬하다.

목차대로 잘 흘러가는 것은 우리 몸의 혈관(동맥)이 잘 통하는 것과 같다. 혈관이 막히거나 좁아지면 문제가 심각하다. 흐름이 자연스럽지 못하면 강의의 혈관이 막힌다. 급기야 학습자들의 날카로운 평가로 그 강의는 더 이상 살아나지 못하고 장렬하게 전사할지도 모른다.

목차 = 뼈대 = 흐름 = 강의 물줄기 = 혈관의 흐름

강의의 흐름 공식

구분	흐름 공식	비고
3부 구성	• 서론(도입)–본론(본문)–결론(결말) • S–D–S 논리 　Summary(요약)–Detail(상세)–Solution(방향성)	일반적 구성
4부 구성	• 기–승–전–결	맥락식 구성
5부 구성	• 발단–전개–위기–절정–결말	소설식 구성

내 강의에 딱 맞는
템플릿 선정법

　인터넷 카페에서 공개적으로 돌아다니는 서식(템블릿)을 퍼온 배경운 강사는 매우 흡족했다. 표지 디자인도 마음에 들고 본문 디자인도 표지와 일관성이 있어 좋았다. 배 강사는 기쁜 마음으로 자신의 강의 교안 내용을 새로운 템플릿에 옮겼다. 강의 교안에 멋진 새 옷을 입힌 느낌이었다.

　그런데 그 템플릿을 활용해 강의하면 할수록 뭔가 아쉽다는 느낌을 받았다. 배 강사가 자신의 강의 주제인 '긍정의 힐링'과 배경 템플릿이 어울리지 않는 이유를 알기까지는 그리 오랜 시간이 걸리지 않았다. 그가 마음에 든다고 인터넷에서 퍼온 템플릿은 임팩트가 있지만 매우 어두운 색상에 진지하고 무거운 이미지였다. 강의 템플릿만 보면 힐링이 아니라 무슨 구조조정이나 감사보고서를 연상케 한다. 배경운 강사는 씁쓸하게 한마디를 했다.

"이건 강의 제목이 '살맛나는 직장 만드는 긍정의 힐링(healing)'이 아닌 '암울한 직장 만드는 부정의 킬링(killing)'이라고 해야겠군."

템플릿은 강의에 걸맞은 옷을 입는 것이다

템플릿은 일반적으로 파워포인트 슬라이드 서식 또는 배경서식이라고 한다. 강의 주제와 내용을 돋보이게 하는 장치다. 물론 좀처럼 파워포인트를 쓰지 않는 강사들에게는 필요없겠지만, 하여간 템플릿을 보면 해당 강의의 냄새가 물씬 풍겨나게 하는 게 좋겠다.

'직장인의 재테크' 강사가 재테크와 관련된 이미지가 전혀 없는 밋밋한 템플릿을 강의 교안으로 썼다고 생각해보자. 템플릿 하나 때문에 강의 자체에 문제가 생기지는 않는다. 하지만 템플릿이 약하면 프로다운 강의를 진행하는 데 한계가 있다.

강의하는 내용과 템플릿이 서로 잘 어울리는지 면밀히 따져봐야 한다. 재테크 강의라면 돈에 대한 이미지가 나와야 하고 힐링강의라면 적어도 슬라이드를 보면서 힐링이 방해받지 않도록 해야 한다.

강의와 잘 어울리지 않는 잘못된 템플릿의 사례를 보자. 아래의 자료는 식생활 건강 강좌를 한다면서 건강과 전혀 관련이 없는 무슨 벤처기업 IT 솔루션 제안서 같은 템플릿을 활용하고 있다. 무슨 스마트시대 인공지능(AI) 식품 이야기를 하는 건가?

인터넷에서 파워포인트 관련 사이트나 동호회 카페 등을 찾아보면 일일이 셀 수도 없이 많은 템플릿이 있다. 요즈음 서점에서 파워포인트 책만 사도 수십 장의 템플릿이 든 CD나 파일이 딸려온다. 수백 장의 대용량 템플릿을 끼워 팔기를 할 정도로 템플릿은 넘쳐난다. 템플릿에서도 작성의 노하우(Know-How)가 아니라 찾는 노웨어(Know-where) 시대가 열린 것이다. 때문에 실력이 있으면 템플릿을 직접 만들어 쓰면 좋겠지만 꼭 그럴 필요가 없다.

돌아다니는 템플릿 중에 강의에 어울리는 공개된 템플릿을 찾는 것이 더 편하다. 잘 찾아 쓰면 직접 만든 것 못지않게 돋보인다(강사 자신의 작업 수준을 능가하는 템플릿도 많다). 템플릿을 잘 가져오는 것도 하나의 능력이다.

어떤 강사들은 쉽게 교안 작업을 하려고 파워포인트 프로그램을 설치할 때 기본적으로 깔려 있는 템플릿을 쓰려고 한다. 정말로 참아야 한다. 물건을 팔 때 끼워 팔기 품목치고 좋은 게 있던가? 강의 템플릿은 우리가 입는 옷과 같다. 가끔 우리는 유행에 맞는 옷도 사 입고, 경우에 따라서는 나만의 이미지에 맞는 파격적인 옷도 걸쳐야 한다. 유행이 한참 지난 옷은 처음부터 파워포인트에 깔려 있던 템플릿처럼 촌스럽다. 그 템플릿 걸치고 강의장에 갔다가는 청중이 한마디 할 것이다.

'앞에 강사님과 똑같은 배경 쓰셨네.'

한 가지 더 주의할 것은 본문의 템플릿은 색깔이나 이미지 면에서 표지와 지나치게 이질감을 주지 않아야 한다. 표지와 템플릿의 이미지 격차가 너무 커서 서로 다른 자료로 보일 때가 있다. 강의에서 본문의 템플릿은 슬라이드 마스터를 설정해 일관성 있는 테마로 하는 것이 낫다. 페이지마다 템플릿이 다른 것은 페이지마다 서로 다른 강의를 진행하는 의도가 있는 것으로 간주하면 된다.

우리가 쓰는 노트를 보자. 노트 겉표지 말고 속지는 같은 형식으로 펼쳐져 있다. 그 정도면 노트로써 기능은 충분하다. 껍데기 빈 양식에 알맹이를 채우면 된다. 분명 템플릿은 강의 교안의 껍데기에 지나지 않는다. 그래도 그 껍데기는 우리가 입는 옷 아닌가? 알몸으로 다닐 수는 없지 않은가? 명색이 강사인데 낡고 싼티 나는 옷 같은 템플릿을 교안에 걸치고도 옷이 날개라고, 자신의 교안이 돋보인다고 자랑할 수 있겠는가? 옷을 잘 입으면 그만큼 안의 내용물도 돋보인다. 그래서 일단은 잘 입고 볼일이다.

찾거나 만들거나 어울리면 OK!

내가 옷을 어디서 사서 입든, 직접 만들어 입든 내 몸에 착 붙으면 그만이다. 강의 교안은 과정보다는 철저하게 결과지향적 산물이다. 강사의 손을 거쳐 무대에 올려진 교안은 어쨌거나 사람들로부터 지적당하지 않으면 된다(물론 대놓고 지적하는 청중은 거의 없다. 그저 속으로 비웃을 뿐이다). 멋진 강의에 전혀 어울리지 않은 후줄근한 템플릿으로 포장된 강의 교안, 왠지 잘 구성한 액션을 뒷받침하지 못하는 엉성한 CG를 연상케 하지 않는가?

본격적인 강의 교안 제작 단계의 앞부분에서 템플릿(서식) 선정에 먼저 주의를 기울여보자. 템플릿은 한번만 잘 꾸며놓으면 강의 주제가 변하지 않는 한 자주 손댈 필요가 없다. 그러니 처음에 껍데기인 포장지를 제대로 씌워야 한다.

이러한 템플릿은 일반적으로 강의 주제와 목차가 확정되면 선정해주는 것이 가장 효과적이다. 간혹 주제만 보고 정했다가 내용과 어울리지 않는 템플릿을 선정한 것을 후회할 수도 있다.

강의에 맞는 템플릿을 한번 가져와보자. 강의 주제가 시간정보관리라고 하자. 당연히 이와 관련한 배경서식이 좋겠다. 구글 검색을 해보거나 좋은 템플릿을 얻기 위해 파워포인트 동호회에 가입해 몇 가지 자료를 찾아보자. 프레젠테이션이 아니고 강의이기 때문에 지나치게 프레젠테이션 같은 것은 배제하도록 한다.

아래 그림과 같은 것을 찾았다. 사용해도 무난할 듯하다. 만일 꼭 맞는 템플릿을 찾기 힘들다면, 자주 쓰는 자신의 기본 템플릿에 아예 슬라이드 마스터를 설정해 시간정보관리 분위기를 잡는 편집 기교를 발휘해보자. 적어도 꼼수라는 비판은 받지 않는다.

시간관리 과목 템플릿

강의의 주제마다 각기 다른 템플릿을 적용하는 것이 번거롭다면 이처럼 즐겨 찾는 템플릿을 기반으로 그때그때 주제에 맞게 부분적으로 이미지를 가공해 삽입하는 방법이 바쁜 강사들에게 다소 여유를 줄 수 있다. 비가 오나 눈이 오나 똑같은 템플릿을 들고 다니는 강사들은 바쁘다기보다 게으르다고 할 수 있다. 적절한 템플릿을 유료로 구입하거나 제작 의뢰까지 하는 강사들은 프로정신이 있다.

필자는 밝은 템플릿을 기본으로 설정해서 사용하는데 이를 한때 돈 주고 산 적이 있다. 그리고 그때그때 강의 주제에 맞게 표지와 내용을 살짝 가공해 이른바 '템플릿 데코레이션'을 해준다. 아직까지 별 탈 없이 잘 쓰고 있다.

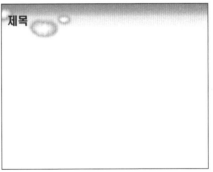

필자의 즐겨찾기 템플릿 자료 제공: (주)아사달

사실 학습자나 청중은 강사가 어떤 슬라이드 배경을 쓰는지에는 큰 관심이 없다. 내용을 보고 강사의 말을 듣느라 그런 부분까지 민

감하게 챙길 여유가 없다. 하지만 은연중에 그들의 눈썰미와 기대치는 예리하게 빛난다. 촌스럽고 유치해 완성도가 많이 떨어지는 템플릿을 쓴다고 해서 항의하거나 불만을 토로하진 않는다. 하지만 그들은 그 강사가 허접한 템플릿을 사용한 일을 기억한다. 그들은 전반적인 강의 평가에는 A+를 줄 수 있지만 별도의 강의자료 평가가 있다면 아무리 후해도 C- 이상은 주지 않을 것이다.

✚ Plus Tips

템플릿 활용 시 유의사항

1. 파워포인트 프로그램에 내장된 템플릿 사용을 지양한다.
2. 공개된 템플릿 중 적합한 것을 찾아서 적용한다.
3. 완성도가 높은 자신의 템플릿 포맷을 만들어 유지한다.
4. 다른 사람의 템플릿을 도용하지 않는다.
5. 지나치게 정교하게 만들려고 하지 않는다.
6. 제목(표지)과 내용 템플릿을 구분하고 콘셉트는 일관성을 유지한다.
7. 내용에 적합한 템플릿을 선정 또는 가공해 활용한다.

흐름 따라
매체기획, 실습기획

"강사님, 실습 준비물을 미리 알려주시면 준비해 놓겠습니다."

"네, 제가 알아서 준비해 가고 필요하면 말씀 드리겠습니다."

교육담당자로부터 받은 메시지를 보고 바쁜 일정에 어림짐작 답변을 마친 반발중 강사는 강의 교안을 작성하면서 새로운 실습과 이에 따른 도구가 필요하다고 생각했다. 이미 기본적인 학습자 교안은 담당자에게 넘긴 상태, 추가된 실습지 슬라이드만 출력해 강의장에서 복사를 부탁하기로 마음먹었다. 학습자들의 실습도구도 주로 전지와 여러 색 칼라펜 정도라서 당연히 강의장에 있을 것이라 생각해 따로 연락하지 않았다.

그런데 문제가 터졌다. 담당자는 콘도 교육장을 임대해서 쓰는 상황이라 실습지 복사가 어렵다고 말했다. 담당자의 표정에는 교육인원이 많은데, 왜 미리 실습지를 주지 않았느냐는 불만이 드러나 있었다. 더구나 팀별로 실습에 쓰일 큰 종이인 전지도 없었다. 6색 칼라펜도 오래 써서 말라비틀어져 있어 잘 써지지 않는다.

출력물이 아닌 화면을 띄워놓고 일반 종이에 실습을 해 당연히 효과가 좋을 리 없었다. 반 강사는 미리미리 실습계획을 수립해서 준비하지 않은 것을 후회했다. 설상가상으로 이번 일을 계기로 담당자와 관계도 소원해졌다.

내 것이 아닌 남이 할 것을 챙겨라

강의는 결코 강사 혼자 진행하지 않는다. 가볍고 짧은 특강이라도 상대방과 간단한 실습을 하고 상호작용을 하기 마련이니, 이에 대한 것들은 미리미리 잘 챙기고 계획해야 한다.

강의할 때 상대방과 커뮤니케이션 활동은 어딘가에 어떤 형태든 표시해놓고 원만히 실행되도록 해야 한다. 강의 중 어느 한 부분에서 관련된 실습을 한다면 강의 계획서 또는 메모지 어딘가에 표시를 해놓거나(물론 입심으로 강의하는 사람들은 머릿속에 그려도 된다) 파워포인트 슬라이드 강의 교안의 실습 전 강의 내용 슬라이드 다음 페이지에 아예 실습을 한다는 안내 표지판과도 같은 슬라이드 한 장을 띄워주는 기지를 발휘해보도록 하자.

강의 중 보여주는 동영상도 그렇다. 영상이 강의의 어딘가에 위치할 것인지 정해놓고 역시 적절한 준비장치를 마련해야 한다. 대개 이러한 매체 활용 계획이나 실습계획 등은 과거에는 강의를 준비할 때 교안을 만들면서 페이지마다 파워포인트 슬라이드 노트를 작성해 기록을 남겼다. 요즘은 그렇게까지 호들갑을 떨지 않아도 된다. 강의 교안만 넘겨보더라도 그 부분에서 어떤 매체를 활용하고 어떠한 실습을 할지 강사 자신이 알아볼 수 있으면 된다.

만약 특정한 준비사항이나 고려사항 등을 일일이 확인하고 체크해야만 한다면 강의 교안을 출력해 그 부분에 포스트잇으로 표시하거나 파워포인트 슬라이드 인쇄를 페이지당 여러 장 인쇄(보통 3장 인쇄가 좋다)로 설정해 여백에 필요한 매체와 실습에 관한 모든 정보를 기록해놓으면 좀 더 강의 노하우가 있어 보인다. 결국 강의 내용을 디스플레이하는 이면에는 학습자를 위한 크고 작은 매체 활용이나 실습계획이 담겨 있어야 한다는 점을 잊어서는 안 된다.

슬라이드 정보 기록을 위한 출력 이미지

효과적인 교육매체에 참신한 실습 끼워 넣기

창의력 개발을 강의한다고 해보자. 전체적인 틀 구성을 ① 창의력의 중요성, ② 창의력 발휘를 위한 고정관념 깨뜨리기, ③ 창의적 발상전환 방법, ④ 창의력 발상전환 사례, ⑤ 창의력의 현장 활용, ⑥ 일상에서 창의력 향상을 위한 습관행동으로 설계하였다. 논리적 흐름이 나쁘지 않다. 이러한 내용들을 실질적인 교안으로 작성할 때에는 내용이 추가되거나 압축될 수는 있지만 적어도 강의의 뼈대로 적절하다.

그렇다면 강의 매체 설계를 해보자. 교안 작성 시 매체 선정에 파워포인트 프로그램을 배제한다는 것은 어려운 일이다. 크게 파워포인트를 기반으로 하여 이와 연계되는 프로그램이나 이미지 또는 동영상 등을 교육매체로 활용하고 있다. 이미지와 동영상 매체는 어떤 것을 어디에 활용할까? 앞의 '② 창의력 발휘를 위한 고정관념 깨뜨리기'라면 이와 관련된 이미지를 찾아서 써야 한다.

최근 이미지로 아래 그림은 어떨까? 먼저 이러한 이미지를 보여준다. 어떤 사람일 것이냐고 물어볼 수 있다. 사람들은 물론 범죄자의 얼굴이나 몽타주라고 대답할 것이다. 당연히 그럴 것이다. 이 그림은 경찰청에서 여성들 인터뷰에서 얻은 '예상되는 성범죄자의 얼굴'을 그린 것이다.

출처: 《중앙일보》 2015년 3월 30일자

그러나 다음 그림을 제시하면 지금 본 그림은 고정관념이었음을 증명할 수 있다. 컴퓨터로 분석해서 합성한 14년 동안의 실질적인 성범죄자의 얼굴은 이렇다.

출처: 《중앙일보》 2015년 3월 30일자

착하게 생겼다. 우리가 알고 있는 창의력에 반기를 들 수 있는 고정적 프레임이나 편향에 대한 이야기를 하기에 안성맞춤이다. 창의력 강의에서 극히 일부에 해당될 수 있지만, 이렇게 이미지를 적절하게 활용하면 스피치가 약해도 무난한 강의를 할 수 있다.

이제 동영상은 뭐가 좋을지 고민해보자. 창의력을 발휘한 사례 소개 부분에 동영상을 삽입해주면 어떨까? 창의적 아이디어 제품들, 창의적인 영업활동, 창조경영 등 텔레비전이나 인터넷 매체에서 많이 찾을 수 있다. 지적 소유권이나 저작권에 저촉되지 않는 공개된 콘텐츠를 잘 선정해 활용하도록 하자.

　강의에서 역시나 효과만점인 부분은 실습이다. 요즘은 짧은 강의라도 간단한 실습을 빼먹지 않는 추세다. 강의의 패러다임(사고의 틀)이 듣고 말하는 것에서 듣고 체험하는 쪽으로 바뀌었다. 즉 참여 위주로 실습을 강화한 강의기법이다. 따라서 강의를 기획할 때 적절한 실습기획은 필수적이다.

　자 그러면 위 창의력 강의에서 실습을 준비해보자.

　'③ 창의적 발상전환 방법'을 소개하는 자리에 실습이 타이밍상으로도 좋을 것 같다. 그중 '다르게 생각하기'가 있는데, 그림과 같은 창의력 퀴즈를 풀게 하는 방법이 어울릴 듯하다. 간단한 실습으로 널리 알려졌지만 필기구를 종이에서 떼지 않고 한번에 원과 점을 모두 그

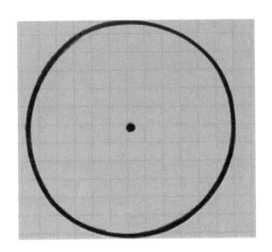

리게 하는 과제다. 의외로 쉽지 않다. 정답은 종이의 모서리를 접어서 그리면 가능하다(한번 해보시라). 이를 화면에 띄워놓고 학습자들에게 한 번 해보게 하는 것만으로 창의력 체험은 무르익는다.

하나만 제시하면 섭섭하니 고정관념을 깨뜨리는 발상전환으로 '바꾸어 생각하기' 창의력 퀴즈를 하나 더 내본다. 고무장갑인데 흔한 빨간색, 분홍색이 아닌 감색(네이비색)이다. 무슨 이유로 이런 색상의 고무장갑을 만들어 판매하는지 알아맞추게 한다(별별 이야기가 다 나와 흥미롭다).

정답은 '남성용 고무장갑'이라고 한다. 요즘은 남성들도 설거지를 하니 남성에 맞는 사이즈에 그들이 좋아하는 색으로 만들었으니 '바꾸어 생각하기' 발상전환 사례로 손색이 없다. 이렇게 순간순간 실습을 준비해 참여 위주의 학습을 유도하면 강의는 양방향으로 유익하게 진행된다. 주의해야 할 것은 실습을 너무 남발하지 않아야 하며, 꼭 해당 내용과 관련한 내용을 실습하는 것이 좋다. 또 내용 전개와 흐름에 지장을 주는 복잡하고 시간을 많이 할애하는 것은 배제해야 한다. 참신한 실습기획으로 학습자들에게 흥미를 유발해 전반적인 강의 분위기를 긍정적으로 이끌어보자.

강의에 적합한 매체와 활용법

구분	활용법	비고
파워포인트	• 가장 보편적인 비주얼 교안 작성 도구 • 전반적인 강의의 플랫폼으로 다양한 매체를 연결 활용	
동영상	• 강의 중 재생 • 단순한 재생보다 토의나 피드백을 병행할 때 효과적 • 강의시간과 동영상 플레이 시간 고려	
실습	• 적절한 실습사례 및 도구 개발 　– 진단지 　– 퀴즈 또는 사례연구 및 토의 　– 게임 또는 시뮬레이션 학습도구 • 실습준비물 점검 및 확인은 필수 　– 아날로그 매체(전지, 포스트잇, 필기구 등) 　– 디지털 매체(노트북, 인터넷, 태블릿 등) • 학습자 참여 위주와 교육 효과를 기대할 수 있는 실습으로 개발 적용	

나의 파워포인트 슬라이드
교안 조망

자료를 충분히 모아서 표지와 목차를 만든 다음 템플릿(서식)까지 선정해 어느 정도 틀을 갖춘 강의 교안을 다시 한 번 컴퓨터에 띄운다. 그리고 첫 페이지부터 몇 번씩 넘겨본다. 조망권 강사가 매번 강의 준비를 하면서 하는 일이다. 출발하기 전까지도 이렇게 하는 것이 모자라 강의장에 일찍 도착해서 클라우딩을 통해 태블릿PC로 옮겨 놓은 교안을 넘겨가면서 최종 점검을 한다.

이쯤 되면 거의 완벽에 가까운 강의를 할 수 있을까 했는데, 강의를 끝내고 나면 항상 아쉬움이 남는다. 그렇다고 그에 대한 뚜렷한 이유도 생각나지 않는다. 조 강사는 매번 반복되는 강의 준비에 머리라도 식힐 겸 오랜만에 가족들과 남산 타워에 올랐다. 서울시 전경이 한눈에 들어왔다.

"맞다 바로 이거다."

조망권 강사는 유레카처럼 탄성을 질렀다. 한 장 한 장 넘겨보는 것에만 익숙해서 전체를 바라보는 것에 소홀했던 강의 준비 습관이 조망이라는 개념으로 씻은 듯이 해결되었다. 파워포인트 슬라이드 편집창 우측 하단에 있는 '(▦)'버튼 하나만 자주 눌러봐도 될 것을, 그 간단한 사실을 조 강사는 이제서야 터득한 것이다.

강의의 시야를 조절하라

조망(眺望)이라는 말은 먼 곳을 넓게 바라본다는 뜻으로 강의 교안에서는 전체를 바라보며 흐름을 파악하는 활동을 의미한다. 이러한 조망 행위는 흐름 잡을 때 한 번, 강의 교안이 완성된 후에 또 한 번 해주는 것이 정석이다.

파워포인트 슬라이드 교안이 없어 조망이 힘들다고 생각하면 내용 전개상의 조망 활동만 하면 된다. 사실 A4용지 한 장에 강의 원고의 핵심항목을 정리해서 전체적으로 훑어보는 것도 조망이요, 온전한 스피치 강의로 머릿속에 이야기할 내용을 쭉 그려내는 것도 조망이다.

강의의 조망은 콘텐츠의 배치, 상호 연결과 깊이 등을 조절해 강의에 대한 넓은 시야를 확보하는 것이다. 마치 자동차를 운전할 때 시야가 탁 트여야 수월하게 운전할 수 있는 것처럼 적절한 조망 활동은 사각지대 없는 강의를 통해 대체적으로 원만한 강의 결과를 이끈다.

어떤 강사는 강의 구성을 너무 좁게 하려는 경향이 있다. 가령 프레젠테이션 기법이라고 한다면 기획 부문과 퍼스널리티(태도) 부분도 있는데, 말하는 기술만 이야기하려 한다. 그중에도 논리적 표현이 아니라 말의 톤, 억양, 속도 등만을 강조한다. (대개 아나운서 출신이 강의할 때 나타난다.)

강사는 학습자나 청중이 원하지 않는 지나친 미시적 접근이 한쪽으로 편향된 강의를 이끌 수 있다는 점에 유의해야 한다. 이른바 콘텐츠 쏠림 현상이 벌어진다고나 할까? 반면 상대방의 요구와는 무관하게 프리젠테이션의 전 영역을 수박겉핧기 식으로 접근하거나 일반화된 원론에 치우치는 지극히 거시적인 접근을 한다면 강의 내용 자체가 두루뭉술하고 깊이가 없어 한번 듣고 마는 '휘발성 강의'가 되고 만다.

이러한 시행착오를 방지하기 위해 필요점을 파악한 대로, 애초 설계한 대로 진행되는지 확인하는 과정이 조망이다. 조망을 통해서 강의의 순서와 콘텐츠의 양이 조절되고 조화로운 배치를 위해 강의에 대한 제반 편집활동이 이루어진다.

강의를 의뢰한 쪽에서 프리젠테이션 기법의 전 영역을 다루되 논리적 발표를 강조해 달라면 프레젠테이션의 '기획-준비-실시-평가'

의 전 영역을 기본적으로 언급하면서 '서론-본론-결론'의 논리 전개와 발표에 집중하도록 흐름을 잡고 파워포인트 슬라이드 교안을 만들 때 이에 따른 페이지를 적정하게 배분하고 전체적인 포맷을 완성해 내용물을 채울 준비를 한다. 이는 초기 조망 과정에서 다루어야 하는 기획 영역이다.

조망하면서 적절한 수정 보완을

내비게이션으로 목적지에 가기 위해 추천모드로 길찾기를 하다가 고속도로 우선으로 경로를 찾기도 하고 최단 거리로 전환해 가장 빠른 길을 모색하듯, 어느 정도 작성된 강의 교안 내용을 펼쳐놓고 최적의 강의 흐름을 그때그때 탐색하는 것은 매우 고무적인 활동이다. 숙달되면 매번 똑같은 강의를 진행하는 매너리즘을 극복할 수 있을 뿐만 아니라 융통성 있는 강의 교안의 재조정으로 대상자에 맞는 고객맞춤형 강의를 제공할 수 있다.

조망과 수정 과정을 단계적으로 살펴보자. 우선 슬라이드 여러 장 보기를 클릭해 강의 교안을 펼쳐본다. 일단 큰 그림부터 보자. 빠짐없이 구성되고, 연결은 매끄러운지, 흐름이 더욱 매끄러울 수 있도록 몇 장의 파워포인트 슬라이드 위치를 바꿔가며 조정해본다.

전체적인 흐름을 조정하면 각 슬라이드가 배치된 콘텐츠 중에 빠진

부분이 있는지, 변형해야 할 것이 있는지를 판단한다. 완성된 교안을 만들고 나서 최종 리허설과 같은 조망을 다시 하겠지만 첫 번째 조망은 웬만한 것들을 다 갖추었는지 틀짜기를 확인하는 작업이다.

1차 조망이 끝나면, '이제 조금만 더 내용을 보강하면 되겠네'라는 생각이 들어야 하고 완성 후 2차 조망을 할 때쯤이면 '이 정도면 살짝만 다듬어도 바로 강의할 수 있겠다'는 느낌이 와 닿도록 해야 한다.

2번의 조망을 통해서 교안은 다듬어지고 완성도가 높아진다. 조망 활동은 명품 강의를 위한 필수적인 교량 역할을 하는 단계다. 아파트도 한강 조망권이 보장되는 호수는 프리미엄이 붙는다. 강의도 내용 조망이 잘된 강의가 프리미엄급 강의다.

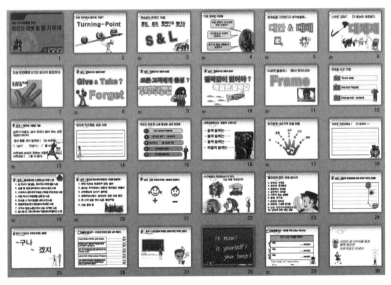

강의 교안 슬라이드 조망 이미지

시간관리가 곧
강의관리

준비를 참 많이 했다. 강의시간 또한 고려해 내용을 검토하고 다듬었다. 정각애 강사는 강의장에 일찍 도착해 정시에 강의할 수 있도록 만반의 준비를 갖추었다. 그런데 강의에 참여하는 청중은 예정된 강의 시작 시간에 꼬리를 물고 나타났다. 강의는 10분 뒤에야 진행할 수 있었다. 정 강사는 그래도 준비한 강의 내용을 빠짐없이 전달할 수 있도록 강의에 속도를 높였다. 청중의 쉬는 시간도 양해를 구하고 5분이나 빼앗았다. 강의를 다시 시작할 무렵 담당자가 급히 오더니 대표이사가 와서 잠시 청중에게 인사를 한다며 시간 할애를 부탁한다. 정각애 강사는 어쩔 수 없이 자신의 강의시간을 쪼갰다. 대표이사는 할 이야기가 많았는지 15분을 사용했다. 이후 강의는 촉박하게 진행되었다.

정 강사는 내용을 건너뛸까 하다가 준비한 대로 하는 게 낫겠다 싶어 조금 거칠게 강의를 내몰았다. 정각애 강사의 강의가 끝나면 점심시간인데, 12시를 넘기면서까지 열정을 발휘하는 정 강사에게 청중은 환호보다 불편함을 내비쳤다. 대놓고 인상을 찌푸리는 교육생들도 눈에 띄었다. 결국 점심시간 10여 분이 지나서야 정 강사는 강의를 마쳤다. 청중은 설문지에 강의를 잘 들었다는 의견보다 강사가 시간을 지키지 않아 교육이 너무 빡빡하다는 불만을 토로했다. 담당자로부터 강의 피드백을 들은 정각애 강사는 상황에 쫓겼지만 그토록 열강을 했는데도 자신을 알아주지 못한 청중이 야속하기만 했다.

시간 사용 실패는 용서할 수 없다

"강의 기술에 실패한 강사는 용서할 수 있어도 시간 사용에 실패한 강사는 용서할 수 없다."

만약 나폴레옹이 강의를 했더라면 아마 이렇게 말했을 것이다.

강사들은 절대 착각하지 않아야 한다. 자신이 철저하게 시간을 지켜 열강을 한 만큼 청중이 긍정적인 평가를 해주지 않는다는 사실을 직시해야 한다. 자로 잰 듯이 시간을 맞춰서 강의하는 강사에게 청중은 거리감을 느낄 수 있고, 휴식시간 또는 점심시간까지 침범해 강의를 하는 강사에게 그들은 자신들이 누려야 할 기본적 권리를 박탈당했다고 생각할 수 있다.

'화장실 가야 하는데, 전화해야 하는데 왜 빨리 안 쉬는 거야!', '배고파 죽겠는데 왜 붙잡고 있는 거야!' 하며 그들은 정시를 넘어서까지 하는 강사의 강의 내용에 집중은커녕 무언의 야유를 보내기도 한다. 그래서 가장 유능한 강사는 '조금 늦게 시작해서 예정보다 일찍 끝내는 강사'라는 말이 있을 정도다.

특히 교육 과정이 끝나는 시간대에 강의를 배정받은 강사는 청중이 어서 빨리 교육 과정을 마치고 집으로 복귀해 이후 시간을 즐기려고 한다는 사실을 감안해야 한다. 그렇다고 너무 일찍 끝냈다간 담당자로부터 한소리를 듣거나, 혹시 고용노동부에 연계된 과정이라면 교육시간을 채우지 못한 게 발각되어 교육비용 환급을 받지 못할수도 있으니 유의해야 한다. 요즈음은 아예 스마트폰으로 QR코드를 찍어 철저한 출석 관리와 시간 관리를 하는 곳도 있다.

강의는 분명 내용이 중요하지만 이처럼 시간 관리도 매우 민감한부분이다. 강사 자신도 철저히 시간을 계산해야 하겠지만, 각종 상황변수에도 주의를 기울이고 교육을 주관한 담당자 또는 청중과도 시간 운영에 대한 적절한 협상 채널을 마련해 관리해야 한다.

특히 강의 때 발생하는 돌발변수 때문에 강의시간이 영향을 받을수 있다는 것을 인식하고 이에 대한 적절한 대응책을 반드시 세워놓

명강사 강의기획

아야 한다. 마치 중요한 야외행사에 비가 올 경우를 대비해 우천 시 계획을 수립하는 것처럼 우발상황이 발생할 때 시간 사용 계획을 조절해야만 한다.

앞시간이 길어져 쉬는 시간을 잡아먹었거나 교육생들에게 전날 무리한 스케줄이 있었다면 분명 시작 시간이 늦어지고 집중도가 떨어질 것을 감안해야 한다. 강의 때 중요한 전달사항이나 뜻하지 않은 방문이 이루어져서 빼앗긴 시간을 뛰어넘을 수 있는 강의 내용도 생각해야 한다.

모든 관람객들이 오지 않아도 제 시간에 상영하는 영화관처럼 학습자들에게 획일화된 강의시간 운영을 강요해서는 안 되며 보충수업처럼 빼앗긴 시간만큼 다른 시간으로 보충하려는 발상에서 벗어나야 한다. 주어진 상황과 여건에 맞게 강의시간 또한 고무줄처럼 늘였다 줄였다 할 수 있어야 진정 유능한 강사다.

강의를 준비할 때 지나치게 정교한 시간 계획은 자제한다. 가급적 실제 강의시간보다 적은 분량으로 강의 내용을 준비하는 것이 바람직하다. 예를 들어 2시간 강의라면 정확히 2시간짜리 내용으로 기획하는 것보다 조금 모자라게 1시간 40~50분 정도로 준비하는 것을 권장한다.

자로 잰 듯 시간을 설정하면 실제 현장에서 시간이 촉박해진다. 어떤 형태든 강의시간을 갉아먹는 요소가 생기기 때문이다. 조금 모자라게 준비하면 오히려 얼추 정해진 시간에 끝낼 수 있다. 참 희한한

일이지만, 수년간의 강의 경험에서 터득한 것이니 믿어주길 바란다. 또한 일부 강사들은 다음 차례 강사의 시간을 배려하지 않고 늦게 끝내는 경우가 있는데 이는 다음 강사에게 매우 실례가 되는 행동이다.

한 가지 알아두어야 할 것은 강의 중의 시간 관리보다 강의 전 시간 관리가 더 중요하다는 점이다. 강의 기획 단계에서 이를 꼭 반영해야 한다. 강사는 강의 시작 전까지 여유있게 강의장이나 교육장에 도착해야 한다. 대개 강의 시작 20~30분 전에 도착해 담당자와 만나 준비를 하면 좋다.

자동차를 몰고 서울에서 대전까지 가는 데 2시간 이내면 충분하다고 단정하면 절대 안 된다. 고속도로가 막힐 수도 있고, 중간에 중요한 전화가 올 수도 있으며, 도착해서라도 주차 때문에 시간이 지연될 수 있다. 따라서 실제 소요시간보다 최소 1.5배, 서울에서 대전이라면 적어도 3시간 전에는 출발해야 한다. 촉박하게 시작하면 어떤 형태로든 강의에 영향을 미치게 마련이다. 쫓기는 시간에 따른 강사의 컨디션 변화도 무시 못 한다.

어떤 강사들은 오전에 특강 하나를 마치고 빠듯하게 오후 특강을 하기도 한다. 시간 관리에서 삐거덕거리거나 체력이 망가지거나 둘 중 어느 하나가 탈이 난다. 강사는 단기 소모품이 아니다. 전문강사라면 오래 강의해야 할 것 아닌가?

또한 몇 시간이나 걸리는 아침 강의에 맞추려고 꼭두새벽에 일어나서 새벽공기를 마시며 차를 몰고 나서는 것도 무리다. 아무래도 바이오리듬이 깨져, 미묘하더라도 이는 분명히 강의에 방해꾼이 된다. 먼 곳의 아침강의라면 차라리 전날 미리 가서 숙박을 하고 여유롭게 강의를 준비하는 것이 좋다.

강의의 시간 관리는 항상 '느리게 산다는 것'을 대명제로 삼아야 하는 개념이다. 강의 전반에 대한 시간 운영에 대한 포인트를 적은 메모카드를 작성해보는 것도 적절한 시간 관리에 지침이 될 만하다.

교안에서 강의시간을 구조화하라

강의 전 시간 계획을 전혀 하지 않고 일사천리로 강의를 제때 맞춰 시작하고 적당한 시간에 끝내는 강사는 신의 경지에 올랐거나, 앵무새나 로봇처럼 시나리오식으로 잘 훈련된 강사다. 사실 이런 강사는 조금 인간미가 없어 보이기도 한다. 강사라기보다 자로 잰 듯한 완벽한 프레젠테이션을 하는 프레젠터에 가깝다.

비단 이런 식이 아니더라도 강의시간 관리는 분명 계획성 있게 해야 한다. 교안을 펼쳐놓고 어느 슬라이드까지를 첫 시간에 할 것이며, 어디까지가 둘째, 셋째 시간 분량인지, 그리고 마지막 시간은 어디서부터 이루어지는지에 대해 대략적이나마 강의 섹터를 구분해야 한다.

파워포인트 슬라이드에 일일이 표시하지 않더라도 교안을 보면서 어느 정도 시간의 구조화를 예측할 수 있으면 가장 좋다. 어떤 강사는 시간마다 화면전환용(간지) 슬라이드를 만들어 활용하기도 하는데 가끔 효과적일 때가 있다. 만일 파워포인트 슬라이드 교안을 만들지 않고 말로만 강의한다 해도 말하는 시간대를 머릿속에 그려 편중 또는 차질 없이 강의를 진행하도록 해야 한다.

강의는 작게는 몇 분에서 길게는 몇 시간을 하더라도 '도입부-본론부-결론부'의 크게 3개 부분으로 나눌 수 있다. 도입부가 지나치게 많은 비중을 차지하거나 결론부가 의외로 빈약한 경우가 많아 기획 단계에서 이에 대한 분량을 고려해 적절하게 콘텐츠를 안배해주어야 한다.

일반적으로 도입부는 오프닝을 포함해 전체 강의시간 중 15% 정도가 되면 이상적이라고 한다. 본론부는 내용상 알맹이에 해당하므로 50~60%, 결론 부분은 질의응답과 정리하는 시간을 고려해 전체 강의에서 30% 미만을 편성하는 게 바람직하다. 그러나 프레젠테이션보다 훨씬 자유롭게 진행할 수 있는 강의에서 이렇게까지 계량적으로 섹터를 구분하는 것은 기계적인 강의 스타일이 될 우려가 있다.

강의에서는 처음(도입부)과 중간(전개부), 그리고 끝부분(결론부)의 구분을 명확하게 해주는 것이 좋다. 강의 기획에서 시간 관리는 도입부와 전개부, 결론부의 세 부분을 마치 표준체형을 가진 사람의 형태로 비유해 구조화하면 이해하기 쉽다. 적당한 몸매를 갖춘 표준체형의 사람을 보자. 머리-팔과 몸-다리로 삼등분했을 때 이는 각각 '도입부-전개부-결론부'에 해당한다.

강의의 오프닝과 서론을 이야기하는 도입부가 장황하면 사람의 머리가 커져서 가분수가 되니 적당한 두상을 보여줘야 한다. 전개부는 본론에 해당하는 강의의 알맹이와 같은 부분이다. 분량이 너무 많으면 몸이 뚱뚱해지고 너무 적으면 빈약하니 체중(내용)을 잘 조절해야 한다. 결론부가 부족하면 짧은 다리가 되거나 지나치면 쓸데없이 길어 미관상 좋지 않다. 요컨대 강의는 그 콘텐츠와 사용하는 시간을 표준체형의 사람으로 간주해 비만 또는 과체중이 되지 않고, 왜소한 체형이 되지 않도록 언제나 적절함을 유지할 수 있도록 해야 한다.

표준체형의 사람으로 보는 강의시간 관리 비교

강의에서 발생하는 각종 시간 관련 상황과 대처

상황	대처	비고
강의 시작 시간에 도착이 촉박하거나 지연이 예상된다	• 이와 같은 상황 발생 자체가 비극 • 담당자에게 연락 및 양해 • 교통 체증일 경우, 도중에 대중교통으로 전환 검토	
강의가 예상보다 늦게 시작했다	• 늦게 시작한 만큼 강의 분량을 압축해 정해진 시간에 끝내도록 함. 특강인 경우 쉬는 시간 없이 연강을 검토 • 전체적으로 늘어나는 일이 없도록 첫 시간을 일찍 끝내고 2교시부터는 정상적으로 맞춤	
강의 중 방문이 이루어졌다	• 예정된 방문일 경우 사전 인지 후 시간 대응 • 불시 방문일 경우, 상황에 휘둘리지 말고 주도적 대응 시간적 배려를 판단해 조치 • 융통성 있게 쉬는 시간을 앞당겨서 조절	
강의 중 예상보다 내용 전개의 진도가 느리게 나가고, 끝나는 시간이 촉박하다	• 절대 무리하게 속도를 조절하는 것은 금물 • 내용상의 삭제, 또는 부문 건너뛰기 실행 • 시간이 없더라도 결론부를 여유있게 마무리할 수 있도록 함	
실습에 예상보다 많은 시간 소요된다	• 실습시간을 줄이거나 곧바로 함께해보고 피드백하는 식으로 전환 • 실습사항 및 실습대상을 선택적으로 운용	
의외의 시간을 할애하는 상황이 발생했다	• 사전에 철저한 확인 및 당황하지 않고 대응 (시간 영향요소, 환경, 장비, 준비여부 등) • 장비고장, 돌발 행동 등의 우발 상황 발생 시 쉬는 시간으로 전환해 대처	예상되는 변수 미리 파악

5장

균형 있는 콘텐츠를
만들어라

중복 없고 누락 없이
핵심항목 선정

'그는 기획력 강사다. 자칭 '한국기획능력개발연구소' 장누수 소장은 기획할 때는 핵심을 잡는 것이 가장 중요하며 이때 핵심항목이 중복되지 않고, 누락되지 않아야 함을 강조한다. 이른바 '중복회피, 누락회피(MECE=Mutually Exclusive, Collectively Exhaustive)'라는 논리구조화 이론을 어디서든 거론한다. 그러나 그의 강의를 듣고 교안을 보는 청중은 이 말에 의혹을 제기한다. 한 청중이 그에게 직설적인 질문을 던진다.

"강사님의 강의 교안에는 비슷한 형태의 항목과 도형들이 자꾸 등장하는데 엄밀히 이야기하면 이런 것도 중복 아닌가요?"

명강사 강의기획

장 소장은 청중의 돌직구 질문에 적잖이 당황했다. 등잔 밑이 어둡다더니 자신은 이제껏 각 장마다 거의 비슷한 파워포인트 슬라이드 포맷을 활용해 중복을 피하지 못했던 것이다. 쉽게 작업한다고 살짝살짝 내용만 바꾼 것이 오류를 초래했다. 내친김에 자세히 살펴보니 그의 강의자료에는 중복뿐만 아니라, 해당 내용과 관련해 누락된 부분까지 발견되었다. 장 소장은 강의 내용을 전면적으로 개편하기 전까지 당분간 강의를 받지 않겠노라고 다짐했다.

중복과 누락은 콘텐츠 구성의 최대의 적

논리를 구성할 때 내용상 겹치는 부분이 없어야 하고 필요한 내용을 빠짐없이 포함시켜야 한다는 점을 강조하는 중복회피, 누락회피의 'MECE' 이론은 세계적으로 유명한 문제해결 컨설팅회사인 매킨지에서 말하는 논리적 사고 기법 중 하나다.

강의 콘텐츠를 구성할 때도 매뉴얼처럼 적용해야 할 부분이다. 중복은 말하는 내용에서뿐 아니라 기획 과정에서도 겹치는 부분이나 페이지 내에서 동일한 콘텐츠의 반복을 말한다. 누락은 강의에서 언급해야 하는 콘텐츠를 빠뜨린 것이다. 특히 강사들은 바쁜 나머지 트렌드를 반영한 최신자료의 업그레이드나 가장 근접한 통계치를 누락시키는 오류를 자주 범한다. 학교에서 교장선생님이 방금 한 이야

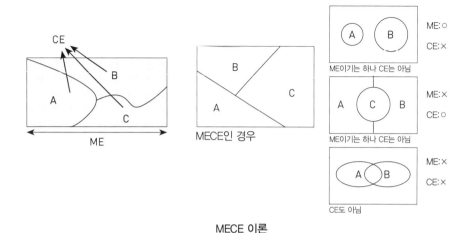

MECE 이론

기를 또 하고 또 하고 끊어질 듯 끊어질 듯 이어지는 강의를 하면 왜 짜증이 날까? 바로 중복 때문이다.

열심히 강의를 했음에도 학습자들이 요구했던 중요한 부분을 빼먹어서 피드백이 좋지 않았다면 강의를 잘하고도 스트레스를 받는다. 바로 누락의 저주다. 강사들은 청중으로부터 적어도 "그거 전에 들었던 내용입니다"라든지 "그 부분이 빠진 것 같은데요"라는 말은 듣지 말아야 한다. 중복과 누락은 콘텐츠 구성에서 가장 치명적인 바이러스이며, 중복 회피와 누락 회피만이 백신이다.

강의 내용을 구성할 때 최대한 중복과 누락을 회피하려면 핵심항목을 선정할 때부터 MECE를 염두에 두어야 한다. 신입사원들에게 자동차를 소개하기 위해 다음과 같은 자료 2장을 만들었다고 해보

명강사 강의기획

자. 무엇이 문제일까? 자동차를 '4륜구동', '2륜구동', '전륜구동'으로 분류했을 때는 이미 앞바퀴 전륜이 2륜구동에 해당되므로 이미 중복된 것이다. 자동차를 '소형차', '준중형차', '대형차'로 분류했다면 중형차를 빼먹었기 때문에 누락된 것이다.

중복 발생   누락 발생

어떤 사람들은 중복보다 누락이 더 치명적이라고 하지만 강의 내용 구성에서는 둘 다 같은 병원균임을 잊지 않아야 한다.

잘 짜인 핵심항목만 있어도 강의는 충분하다

구구절절 내용을 교안에 담지 않고 핵심 키워드만 화면에 띄워놓고 강의하는 강사를 봤다. 자기계발의 변천 과정인 SD(Self-Development: 자기계발)에서 SM(Self-Management: 자기경영)으로, 그리고 최근 SB(Self-Branding: 자기 브랜드화)로의 변화를 보여주기 위해 화면에 크게 SD, SM, SB를 띄워놓고 강의한다.

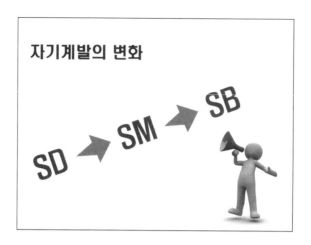

이렇게 키워드만 잘 설정해도 임팩트가 있고 핵심이 더 부각될 수 있다. 중복되거나 누락되지 않는다면 핵심항목만 있어도 강의는 얼마든지 할 수 있다. 강의의 흐름으로 프레임(뼈대)을 잘 잡았으면 그 프레임을 뒷받침해줄 중간뼈대만을 잘 추스르면 된다. 뼈대만 잘 잡아도 기본에서 이탈하지 않을 수 있고, 여기에 적절하게 살을 붙이면 강의 내용에 필요한 것은 다 갖추게 되는 것이다.

파워포인트 슬라이드 교안에서 핵심항목은 보통 슬라이드 제목을 뒷받침하는 키워드나 핵심문구를 의미한다. 가령 슬라이드 제목이 '프레젠테이션의 세 가지 변수 관리'라고 했다면 ① 사람 ② 상황 ③ 환경변수의 키워드가 핵심이다. 이를 강의 교안으로 이렇게 옮겨볼 수 있겠다.

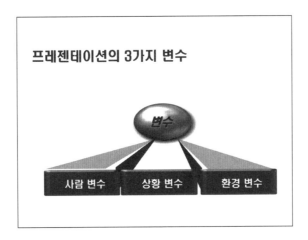

'모바일 세대의 성향'을 강의할 때, 이들의 특징을 정리해보니 걸 그룹 같은 아이돌 스타에 관심을 갖고, 다른 사람을 의식하지 않고 자신의 개성을 마음껏 드러내며, 직접 연락하거나 통화하는 것보다는 SNS 활용을 더 좋아한다고 한다. 강의 교안에는 핵심만 부각시켜서 다음과 같이 만들 수 있다.

이런 식으로 핵심을 설정해놓고 중복되거나 누락되지 않았는지 살펴보는 것은 강의안 레아아웃의 우선적 조치다. 겹치거나 빼먹지만 않으면 핵심만 띄워놓고도 강의를 척척 잘해낼 수 있다.

간혹 핵심이 잘 드러나지 않은 강의 교안을 보면 전달하려는 바가 무엇인지 불분명하고 제목을 뒷받침하는 키워드가 빠져 정작 강조하려는 부분을 간과하는 일이 벌어진다.

"말로 설명하면 되지" 하면서 핵심이 드러나지 않은 부분을 스피치

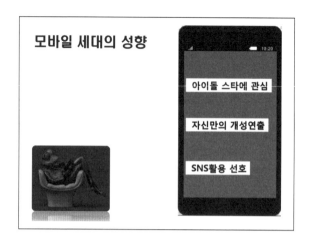

로 부각시키면 균형이 맞지 않는다. 자료를 사용하지 않더라도 강사
가 무슨 말을 할지 핵심이 암시되어 있어야 머릿속에 쏙쏙 들어온다.
콘텐츠 구성 초반에는 반드시 MECE를 떠올려 핵심을 먼저 잡아야
한다. 강의에 경지에 오를수록 핵심을 잘 주무르는 강사가 된다. '강
의의 신(神)'은 곧 핵심 전도사라 할 수 있다.

묶어야
산다

사실 정신줄 강사는 정리정돈과는 거리가 멀다. 그녀의 방은 늘 어지럽게 물건들이 나뒹굴고 있으며, 그녀가 타고 다니는 차량은 이삿짐 차량처럼 크고 작은 짐들과 잡동사니들이 뒤섞여 있다. 쓰던 물건을 제자리에 갖다놓지 않아 매번 찾기 일쑤고, 어디에 무슨 물건이 있는지 몰라 다시 구입하는 일이 다반사다.

이런 생활습관은 당연히 강의에도 지장을 준다. 일단 그녀의 노트북 가방에는 주변기기와 강의에 쓰는 각종 도구들이 헝클어져 있다. 그녀가 만든 강의 교안도 산만한 생활습관을 그대로 반영한다. 그녀는 강의를 잘한다는 평을 받지만 정 강사가 만든 강의 교안을 보고 그녀가 강의를 잘할 것이라 생각하는 사람은 거의 없다. 생활뿐만 아니라 강의 내용도 잘 정리하지 못해 낭패를 볼 때가 종종 있다. 정신 줄 강사에게 이러한 정리정돈 습관은 심각한 핸디캡이다.

그래서 그녀는 이러한 산만한 습관을 고쳐보겠노라는 각오로 '정리컨설턴트'를 찾아가 상담을 받았다. 정리정돈 전문가는 그녀의 현재 상태와 여러 가지를 차분히 보고 듣더니 단 한마디로 해결책을 제시하였다.

"묶으세요."

나열식보다는 구조화된 배치가 최선

'구조화'라는 말이 있다. 정돈된 느낌이 들도록 유사한 것끼리 짝을 지어 일정한 구조를 만드는 작업을 말한다. 여기에 논리적 의미를 부여해 서로 연관되는 것끼리 잘 묶어 조직화하는 것을 '논리구조화'라고 한다. 강의의 콘텐츠 기획은 이러한 논리구조화를 통해 최종적으로 내용이 구현된다고 보면 된다. 강의 콘텐츠가 만들어지는 절차는 보통 3단계 과정, 즉 ① 아이디어화, ② 서열화, ③ 구조화 과정을 거친다.

일반적으로 정돈되거나 가공되지 않은 생각을 아이디어라고 한다. 아이디어에 일종의 우선순위를 정해 일률적으로 나열한 것을 서열

명강사 강의기획

화라고 하며, 서열화된 각 내용 중 공통의 속성을 지닌 것끼리 유기적으로 결합시켜 조직을 이루게 하는 것을 구조화라고 한다.

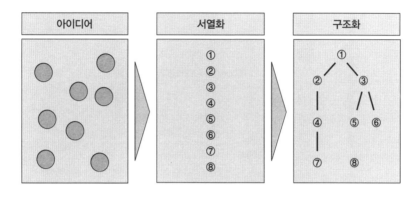

예를 들면 강사들이 지녀야 할 역량 항목을 정리할 때 단정한 용모, 핵심전달, 시각화, 우발상황 대응, 논리 구성, 질의응답 조치, 품위 있는 언어 사용, 적절한 표정 및 자세라고 의견을 제시했다면 이는 두서 없는 아이디어에 불과하다. 이를 순서대로 정리하면 다음과 같다.

서열화를 마친 후 일정한 논리를 부여하면 바로 구조화를 마친 것이다. 강의는 전체적인 설계부터 세부적인 내용 구성까지 이러한 구조화의 원칙을 적용하면 논리적이고 체계적일 수 있다. 강사가 지닌 창의적 아이디어와 콘텐츠를 기반으로 이에 논리적 의미를 가미하면 창의와 논리과 결합한 완전한 세트가 나오며 그 강의는 분명 성공한다. 반대로 창의적 아이디어만 있고 논리적 구성이 따라주지 않아 실패하는 강의가 너무도 많다.

강사들의 역량

1. 단정한 용모,
2. 적절한 표정 및 자세
3. 핵심 전달
4. 품위 있는 언어 사용
5. 논리 구성
6. 시각화
7. 질의응답 조치
8. 우발상황 대응

▼

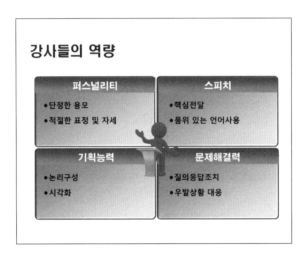

구조화된 슬라이드

묶어서 내용을 카테고리화하라

기획에서는 묶음이라는 뜻으로 '카테고리'라는 표현을 자주한다. 콘텐츠를 묶는 작업을 '카테고리화'한다고 한다. 동일한 범주끼리 묶어서 정리하거나 조합을 꾀하는 것으로 구조화랑 비슷한 개념이다.

구조화의 궁극적 표현방식이 카테고리화라고 하면 쉽게 이해할 수 있다. 흔히 말할 때는 구조화한다기보다 카테고리를 선정해 이야기한다고 한다. 그래서 카테고리화 작업이 조금 더 폭넓은 용도로 활용된다.

홈쇼핑 진행자(쇼 호스트)가 컴퓨터를 판매할 때 무조건 관련된 사항을 청산유수처럼 풀어내지 않는다. 팔고자 하는 컴퓨터의 특징, 사양, 성능시험 같은 카테고리를 나누어 설명한다. 진행할 때도 말하는 모습, 상품 디스플레이, 실제 사용 체험 등으로 순서를 카테고리화한다. 이렇게 하지 않는 홈쇼핑 상품은 상담원 연결이 어려울 정도로 주문이 폭주하는 일이 절대로 일어나지 않는다.

강의 교안도 내용을 카테고리로 나누어 작성하면 더욱 의미있게 전달할 수 있다. 특히 카테고리로 구조화해 엮어낸 묶음의 이름이 곧 강의의 핵심 키워드이며 이를 잘 표현하는 것이 핵심정리의 기술이다. 설명이 필요없는 기획자료처럼 콘텐츠를 촘촘하게 엮어 만들어낼 것까지 없지만 교안작업을 할 때 어느 정도의 카테고리 설정은 정돈된 강의를 돕는다.

청중은 강사가 전달하는 언어보다는 우선은 디스플레이로 소개되는 카테고리화된 교안을 보면서 강의에서 다루어지는 내용을 이해하려 한다. 따라서 일단은 내용을 잘 묶어서 청중에게 제공해야 할 의무가 있다. 그리고 나서 부연설명하듯이 강의하면 청중의 이해도를 높일 수 있다.

자 한번 카테고리화해 묶어보자. 여기 강의자료 한 장이 있다. '주 40시간 근무제 시행에 따른 직원 휴일 활용계획'에 대한 목록을 나열했다. 이 자료를 그대로 파워포인트 슬라이드를 띄우는 것은 "읽다가 졸릴 수 있으나 알아서 끝까지 읽어주세요"라는 표현을 무언으로 암시하는 행위다(아무리 설명을 잘해도 청중은 일단 읽고 본다).

'주 40시간 근무제' 시행에 따른 직원 휴일 활용 계획

1. 친척 또는 친지 방문

2. 어학 공부

3. 사회복지 단체 방문

4. 가족과 대화의 시간

5. 건강을 위한 등산

6. 공식, 비공식적인 모임 참가

7. 일일 노인 돌보기 행사

8. 인터넷 동호회 모임 활동

9. 직무 관련 분야 독서

10. 환경보호 캠페인 참가

11. 친구, 지인들에게 편지 보내기

12. 업무와 관련된 세미나 참석

앞서 이야기한 서열화까지는 되었는데, 구조화의 실패다. 카테고리를 만들어 내친김에 핵심항목까지 선정해보자. 일단 비슷한 것끼리 묶자.

(카테고리1) 2, 5, 9, 12

(카테고리2) 1, 4, 6, 8, 11

(카테고리3) 3, 7, 10

그렇다면 묶음의 이름을 뭐라고 할까? 첫 번째 카테고리는 자기계발, 두 번째는 관계개선, 세 번째 카테고리 그룹은 사회봉사라는 명칭을 부여할 수 있다. 이를 띄워놓고 강의하면 어떨까? 정리가 잘되어 있으니 강의도 쉽고 청중도 보기에 편하다. 여기에 언어의 살을 붙인다면 5분 이상은 족히 강의할 수 있다.

강의 교안은 한 장에서부터 여러 장까지 페이지의 제약이 없다. 독립된 키워드나 부가자료, 또는 이미지가 있는 페이지를 제외하고는 논리적 강의 콘텐츠 구성의 시작은 일단 '묶어라'가 정답이다.

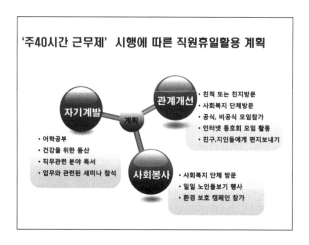

콘텐츠에도
위계질서가 있다

'서비스 기본예절' 중 표정과 복장에 대한 강의를 준비 중인 한예절 원장은 강의 요목을 파워포인트 한 장에 텍스트로 정리하였다. 강의는 주로 실습 위주로 진행되기 때문에 파워포인트 슬라이드는 항목과 내용만 간략히 구성해도 큰 무리가 없었다.

우선 슬라이드 한 장에 제목을 '바람직한 표정과 복장'이라고 쓰고 항목과 내용을 구성해보았다. 그런데 작성하고 보니 뭔가 부적절해 보였다. 제목과 콘텐츠 항목 및 내용 간의 균형이 잘 맞지 않아 각각의 구분이 뚜렷하지 않다. 즉 제목이 내용 같고 항목이 제목 같다.

한 원장은 강의보다 교안을 만드는 것이 몇 배나 더 어렵다는 점을 실감하고, 큰 기대 없이 새로 들어온 신입사원에게 슬라이드 한 장을 수정해보라고 부탁했다. 얼마 후 수정된 교안을 받은 한 원장은 깜짝 놀랐다. 지금까지 부조화를 느꼈던 내용들이 단번에 정리된 자료를 보고 한 원장은 강의는 잘할지 몰라도 신입사원보다도 자료 기획에 미흡한 자신이 한없이 부끄러워졌다.

로직트리 구조화

앞에서 로직트리(logic-Tree)라는 것을 배웠다. 파일 정리뿐 아니라 콘텐츠 내용 구성에서 반드시 고려해야 하는 부분이 로직트리 구조화다. 로직트리에 등장하는 콘텐츠는 큰 항목-중간 항목-작은 항목-세부내용로 이루어진다. 트리(tree)구조 개념으로 큰 가지를 중심으로 중간 가지-작은 가지-세부 잎사귀라고 이해하면 쉽다. 아니면 큰 물고기에서 중간 물고기나 작은 물고기-피라미를 연상하면 된다.

이런 것들이 강의 교안 작성과 무슨 관계가 있냐고? 강의 내용을 구성할 때 큰 것부터 작은 것까지 내림차순으로 개념 있게 정리하자는 뜻이다. 한 장의 파워포인트 슬라이드 교안을 만들 때 로직트리 개념은 큰 항목은 슬라이드 제목을 나타내고, 중간 항목은 제목을 뒷받침하는 핵심항목을 이루며, 작은 항목, 세부내용은 중간 항목의 하위영역에 해당되는 콘텐츠다.

하지만 파워포인트 슬라이드 교안에 있는 모든 페이지의 콘텐츠에서 로직트리 개념을 적용할 필요는 없다. 자유로운 강의 교안을 만드는 것이지 논리적으로 온전한 구색을 갖춘 보고 또는 제안자료를 만드는 것이 아니기 때문이다. 강의 교안은 어떤 페이지는 달랑 이미지 한 장으로 표현되고 또 어떤 페이지는 키워드만을 제시할 수 있고 다른 페이지에서는 참고자료나 학습안내만을 골자로 슬라이드를 구성할 수 있다.

적어도 로직트리를 강조하는 가장 큰 이유는 큰 항목과 중간 항목, 작은 항목, 세부내용들이 구분없이 뒤엉키고 산만하게 흩어지는 것을 방지하자는 것이다. 스킵자료 이외의 일정한 내용이 있는 파워포인트 슬라이드라면 큰 항목인 슬라이드 제목과 이를 뒷받침하는 중간 항목, 즉 핵심항목 정도는 반드시 작성해줘야 한다.

사실 슬라이드 제목과 핵심 키워드만 있어도 강의는 충분히 할 수 있으며 잔가지인 작은 항목과 잎사귀인 세부내용은 필요하다고 판단할 때만 등장시켜도 강의에는 큰 무리가 없다. 콘텐츠 항목들은 페이지 안에서 위계질서만 잘 지키면 된다. 즉 슬라이드 제목인 큰 항목 아래에 작성되는 내용들은 그보다 하위 개념의 내용이 언급되어야 한다.

강의 콘텐츠 구성은 잘 짜여진 조직을 만드는 것과 같다. 큰 항목은 사장, 중간 항목은 임원들, 작은 항목은 관리자들, 세부내용은 말단 실무자들과 같다. 작은 항목 관리자가 갑자기 임원의 위치에 가

있고 말단 실무자인 세부내용을 관리자와 임원의 위치로 올려놓을
수는 없지 않은가. 콘텐츠들이 자신의 위치를 알고 페이지 안에서 나
름의 질서를 유지하도록 하는 것은 내용 구성에서 매우 중요하다.

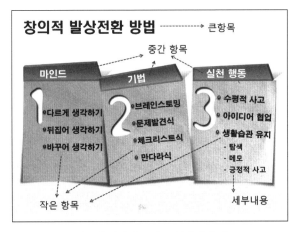

로직트리 개념의 콘텐츠 위계질서 예

질서 있는 콘텐츠를 구성해보자

그러면 로직트리 개념을 적용해 한 장의 슬라이드 교안을 만들어
보자. 다음과 같은 정보가 있다. 두 가지 혈액형의 특성을 비교해보
는 자료다. 이를 파워포인트 강의자료로 어떻게 옮겨볼까?

O형과 A형 혈액형은 두 가지 측면에서 상반된 성격을 갖는다.

O형은 외형적 기질의 소유자로
적극적이고 사교적이며
정열적으로 활동하며 폭넓은 대인관계를 가진다.
자기 주도성이 지나치거나 급한 성미가 단점으로 나타날 수 있다.

A형은 내향적 기질의 소유자로
차분하고 이해심이 많으며
매사에 신중하게 행동하며 깊이 있는 대인관계를 추구한다.
소극적이거나 우유부단함이 단점일 수 있다.

무턱대고 컴퓨터를 켜고 도형을 그리고 내용을 입력하는 섣부른 행동은 하지 말자. 단 한 장이라도 개략적인 레이아웃을 페이퍼 워킹으로 작성한 후 컴퓨터를 켜는 게 좋지만 그러한 시간적 여유가 없다 해도 더 생각하고 작성하려는 여유는 가져야 한다. 작성하고 나서 이미지나 클립아트를 사용해 자료를 보기 좋게 다듬는 것도 잊어서는 안 된다.

페이퍼 워킹 단계를 거쳐 완성된 230쪽의 자료를 보자. 큰 항목, 중간 항목 그리고 세부내용이 제 위치를 찾아 자리하고 있다. 중간 항목은 키워드보다는 기호 이미지로 표현한 부분에서는 창의력이 묻어난다.

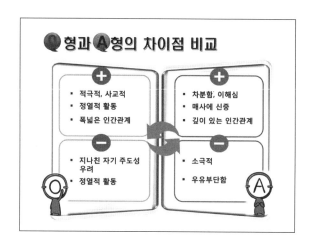

강의 교안을 구성하는 콘텐츠들은 어찌 보면 자유분방한 것 같지만 알게 모르게 상호간의 끈끈함과 지켜야 할 구성원칙들이 있다. 위계질서를 요구하는 자리에서 이를 무시하고 콘텐츠들이 제멋대로 반란을 일으킨 듯한 작업을 했다가는 강의의 혼돈을 경험할 수 있다. 이는 우리가 흔히 이야기하는 위계질서를 지키지 않아 '조직의 쓴맛'을 당하는 것과 같다. 조직의 위계질서를 위반하는 이른바 괘씸죄(?) 때문에 쓴맛을 당하고 나서야 정신차리지 말고 미리미리 콘텐츠에 대한 단속을 잘해놓아야 한다.

도형과 객체 하나하나에
숨어 있는 논리

인터넷을 검색하다가 멋진 파워포인트 자료를 발견하였다. 그것도 읽기 전용이 아니라 편집 가능한 공개파일이다. 마침 강의 교안을 만들면서 여러 가지 내용을 꾸미기가 어려웠는데 '이게 웬 떡이냐' 싶어 모방은 강사는 그 멋진 자료에 자신의 강의 내용을 끼워 맞추거나 일부를 복사해 교안에 붙여 넣어 거의 힘들이지 않고 강의 교안을 완성하였다. 언뜻 봐도 그럴싸해 보였다.

강의장에 일찍 도착해 진행실에서 대기하는데, 앞의 강사가 강의하는 모습이 모니터 화면에 들어왔다. 그런데 가끔 낯익은 파워포인트 슬라이드가 보였다. 내용은 다르지만 슬라이드 도형과 객체의 조합이 낯설지 않다. 순간 그 강사도 자신이 발견한 자료에서 일부 내용을 가져왔음을 알아차렸다. 이쯤 되면 앞의 강사보다 뒤의 강사가 더 불리하다. 자신이 창의적이지 못한 교안 작성에 대한 누명을 뒤집어 쓸 판이다. 모방은 강사는 재빨리 노트북을 열어 한두 장의 레이아웃 형태가 겹치는 슬라이드를 수정했다.

갑자기 수정하다 보니 다른 페이지에 비해 현저하게 수준이 차이나고 일관성이 떨어졌다. 그러다 보니 파워포인트 슬라이드를 수정한 부분의 강의도 매끄럽지 못했다. 결국 모 강사는 기획이나 강의의 어느 한쪽도 잘할 수 없었다.

공개 콘텐츠의 유혹을 뿌리쳐라

No pain! No gain!(고통 없이는 얻는 게 없다). 강의 교안은 쉽게 얻을 수 없다. 남의 것을 허락 없이 쓰면서 은근슬쩍 누더기처럼 끼워 맞추는 무임승차를 하면 꼭 그만큼만의 값을 하게 되어 있다. 적어도 내가 명품 강의를 지향한다면 명강사의 품위에 걸맞은 명품 교안을 준비해야 한다.

인터넷 파워포인트 관련 사이트나 카페 또는 커뮤니티 등에서 얻은 자료는 부분적으로 참고해 활용할 뿐 그 자체에 대한 아쉬움을 버려야 한다. 보기에 좋다고 도형이나 객체를 무턱대고 옮겨오면 자신의 강의 내용과도 맞지 않을 뿐만 아니라 복제된 그 부분만 티가 나서 역효과를 볼 수 있다. 전체적인 조화도 되지 않으니 억지로 끼워 맞춘 논리라는 의심을 받기도 하고 해당 부분만 마치 다른 사람이 만든 것을 가져왔다는 빈축을 살 수 있다.

그뿐인가? 그러한 자료가 누구나 한 번쯤 사용했던 자료라면 상황은 더 심각해진다. 공짜로 마음껏 쓸 수 있는 자료라면 더 많이 공개되고 식상한 콘텐츠라고 생각하자. 나의 강의는 그야말로 나만의 콘텐츠인데 누구에게나 공개된 것을 가져와서 강의의 차별성을 기대한다는 것은 도둑 심보다.

나만의 개성 있는 연출이 필요하듯 강의 교안도 공개 버전보다는 내가 만든 창의적 버전을 준비하도록 해야 한다.

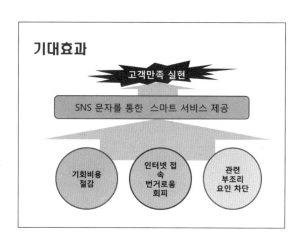

위의 자료를 보라. 경영전략 회의용 프레젠테이션 자료나 프로젝

트 결과보고서 또는 각종 제안서 등에 꼭 한 번쯤은 등장하는 슬라이드다. 강의자료도 내용에 꼭 맞다면 이용할 수 있다. 솔직히 내용을 깊게 고민하지 않고 도형과 객체를 가져와서 텍스트만 심어놓은 흔적이 역력하다. 내용의 인과관계 논리로 보자면 화살표의 방향이 거꾸로 되어야 한다. 있는 자료에서 내용만 바꿔치기를 한 티가 난다. 거짓말 탐지기에도 드러나지 않을 당당함과 뻔뻔함이 있다면 논리에 맞지 않는 남의 것을 계속 써도 된다.

강의는 내용을 하나하나의 논리를 통해 엮어가는 과정이다. 다만 논리를 만들어가는 중간중간에 자유롭게 흥미를 더하는 창의적인 콘텐츠를 삽입시켜야 한다. 이는 보충제와 촉매제 같은 것이다.

파워포인트 교안의 도형이나 객체 등을 만들 때 불가피하게 지극히 일반적인 논리를 지닌 형태의 것(가령 파워포인트 기본 도형 같은 것)을 쓰더라도 보충제와 촉매제를 넣듯이 이를 적절하게 변형하는 작업을 거쳐야 한다. 그래야만 공개자료를 베꼈다는 누명을 벗을 수 있다.

덧붙여 강사들이 교안을 구성할 때 조심해야 할 것 중 한 가지는 정형화된 프레젠테이션 자료를 그대로 갖다 쓰지 말아야 한다는 점이다. 강의가 프레젠테이션화되면 명확해서 좋지만 지나치게 빈틈이 없고 재미도 없는 원론 강의의 성격이 짙어진다. 강사로서 표현의 색깔뿐 아니라 기획의 색깔도 내야 한다는 것을 잊지 말자.

한 페이지라도 다른 사람의 슬라이드 교안을 통째로 가져오는 행위도 근절되어야 한다. 부분적인 템플릿이나 이미지 자료는 차용할 수 있지만, 중요한 알맹이 콘텐츠는 내가 만들거나 가공해야 한다. 강의를 잘한다고 하지만 특별한 자기 콘텐츠가 없는 강사도 있고 자신이 아닌 다른 사람이 만든 자료를 잘 전달하는 강사도 있다. 이들은 명강사가 아니라 명 전달자(delivery)의 한계를 벗어나기 힘들다. 되도록 내가 직접 공들여 나만의 교안을 만들도록 하자.

논리를 고민한 뒤 그에 맞는 객체와 도형을 찾아라

A회사와 경쟁사인 B회사의 제품을 비교하는 교안 한 장을 만든다고 할 때 슬라이드 한 장을 어떻게 꾸밀 것인가? 레이아웃 수준에 따라 역시 하수와 중수 그리고 고수로 구분해볼 수 있다.

일단 하수는 논리 없이 텍스트만으로 작성한다. 파워포인트가 아닌 다른 워드프로세서 프로그램에서도 손쉽게 만들어낼 수 있는 지극히 일반적인 레이아웃이다(사실 레이아웃이라고 하기에도 쑥스럽다).

중수는 그럭저럭 만들었는데 단지 도표뿐이다. 그것도 살면서 수없이 보아온 도표다. 내용은 충실하나 전혀 인상적이지 않다.

고수는 역시 다르다. 경쟁 구도를 이야기하며 상호 저울질하는 형태의 비교자료를 만들었다. 눈에 띄는 요소까지 감안한다면 청중의 시선을 끌기에 충분하다.

 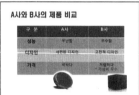 

슬라이드 하수, 중수, 고수의 자료

아무리 고수의 작품이라 해도 마우스로 요술방망이 쓰듯 단번에 교안이 만들어지지 않는다. 적어도 한두 번 논리를 스케치하거나 생각하고 만든 것이다. 고민 없이 무작정 만들어내는 것은 하수의 작품이고, 약간이나마 생각을 하면서 만든 것은 중수의 작품이다. 고수는 이를 뛰어넘는다. 고수의 작품이야말로 대량생산 가공품이 아닌 장인정신의 핸드메이드 제품이라 할 수 있다.

이제 확실하게 정리해보자. 조금이라도 논리를 고민한 후 객체나 도형을 꾸며야 한다. 콘텐츠가 어떤 논리적 속성을 지녔느냐에 따라 도형과 객체의 형태도 달라진다. 일정한 구심을 중심으로 모이는 개념이라면 집중형의 레이아웃으로 작업해야 하고, 반대로 뻗어나가는 형태라면 분산형의 레이아웃으로 작업해야 하는 것이 기본이다. 이렇게 논리를 세팅한 뒤 유연한 강의 교안의 성격에 맞게 부드럽게 다듬으면 제대로 된 교안이 만들어진다.

강의 교안이기 때문에 프레젠테이션 자료처럼 페이지마다 도형이나 객체를 주로 배치하거나 빈번하게 그래프나 도표를 등장시킬 이유도 없다. 그러나 해당 콘텐츠의 출격이 불가피하다면 반드시 강의 내용에 적합한지 타당성을 검토한 뒤에 필요한 객체나 도형 등을 이륙시켜 파워포인트 슬라이드 벌판에 착륙시켜야 한다.

효과만점
스토리텔링 기획

    논리 정연하고 빈틈없는 발표, 조리 있는 멘트, 비주얼이 뛰어난 강의 교안까지 무엇 하나 부족해 보이지 않는 강의였다. 그런데 청중의 집중력은 높지 않았다. 너무 잘 짜여진 강의에 싫증이 났는지 휴대폰을 만지작거리는 청중도 있었다. 왜 그럴까?

    강의 역량도 뛰어난 정석대 소장은 늘 강의의 정석을 보여준다. 화면에 띄운 콘텐츠를 오차없이 착착 잘도 설명한다. 발표 자세와 태도도 완벽하다. 그러나 그의 강의에는 단 한 가지가 없다. 바로 사례나 예시 같은 스토리다. 그러니 청중에게는 새롭지 못하고 시간이 지날수록 지루함을 느끼게 한다. 정 소장은 강의는 잘하지만 단조롭고,

실력은 뛰어나지만 졸린 강의를 해왔던 것이다. 그는 훌륭한 강사는 될 수 있어도 훌륭한 스토리텔러가 되기에는 역부족이다.

스토리가 없으면 관심 받지 못한다

두 사람의 국회의원 후보가 있다. A후보와 B후보가 각각 자신에게 한 표를 부탁하며 유세를 한다. 그런데 두 후보는 말하는 기법이 대조적이다. A후보는 매우 논리적이고 이성적으로 접근하고, B후보는 감성에 호소한다. A후보와 B후보의 연설에서 차이는 스토리텔링을 하느냐 하지 않느냐에 있다. 스토리텔링 여부가 선거 결과에 막대한 영향을 미쳤는지는 명확하지 않지만, 적어도 스토리텔링을 하는 B후보가 사람들의 마음을 좀 더 움직이지 않았을까?

① A후보자

우리 국민의 삶이 어렵고 경제가 어려워서 마음을 졸이고 있습니다. 이렇게 어려운 상황에서 지금 우리에게 필요한 것은 바로 변화입니다. 변화를 통해서 새롭게 도약해야 합니다. 그러기 위해서는 국민의 마음과 에너지를 모으고 그 바탕 위에서 책임 있는 변화를 이끌 수 있는 리더십이 필요하다고 생각합니다. 저는 여러분들에게 민생을 살리고 미래에 대한 희망을 드리는 리더가 되고 싶습니다.

② B후보자

이렇게 힘들 때 여러분의 마음에 가장 먼저 떠오르는 분이 누구입니까? 바로 우리의 어머니가 아닐까요? 저도 고생을 많이 하신 어머니가 생각이 납니다. 저의 어머니는 가족들 먹여 살리느라고, 자식들 공부시키느라 길거리 행상도 하셨습니다. 그러느라고 거칠어진 어머니의 손, 하지만 따뜻했던 손… 저는 선거운동을 하면서 힘들 때마다 어머니의 손을 생각합니다. 저에게 어머니와 같은 따뜻한 손길을 주십시오. 제가 새로운 정치를 하겠습니다.

강의는 이처럼 필요한 순간에 스토리텔링을 통해서 분위기를 잡고 청중에게 더욱 호소력 있게 다가가야 한다. 논리 정연한 강의 일변도보다는 논리적 틀 안에서라도 스토리가 있는 것을 더 좋아하는 것이 대부분 사람의 심리다.

강의가 단조롭고, 지루하고, 심지어 졸린 경우는 대체로 기술이 부족해서라기보다 스토리텔링이 부재하기 때문이다. 강의의 전반적인 내용을 스토리텔링화할 필요는 없다. 강의 내용에 관련 있는 사례나 예화, 예시 등을 적절하게 소개하면 된다. 강의에 스토리텔링을 가미하면 세 가지 장점을 기대할 수 있다.

① 호기심을 유발하는 흥미진진한 강의를 할 수 있다. ② 사례나 예시를 통해 알기 쉬운 강의를 할 수 있다. ③ 청중의 머릿속에, 가슴 속에 뭔가가 남는 강의를 할 수 있다.

메시지가 담긴 스토리텔링을 준비하라

강의 원고를 만들어보자. 가령 "묵묵히 열심히만 일하지 마라", "부지런한 개미보다는 차라리 게으르지만 현명한 베짱이가 낫다"는 것을 이야기할 때 예화 같은 스토리가 전혀 없다면 청중은 '?'를 남발할 것이다.

이럴 때 현대판 개미와 베짱이 사례를 들려주면 청중은 관심도 갖고 수긍도 하지 않을까? 파워포인트 슬라이드는 현대판 개미와 베짱이에 관한 에피소드를 안내하는 한 장만 띄워놓으면 된다. 스토리텔링 강의는 밋밋하게 아무것도 없이 이야기하는 것과 차원이 다르다.

한여름날 개미는 열심히 일만 하고 베짱이는 나무그늘에서 노래를 부르며 띵가띵가 놀기만 했죠. 개미는 고생을 했지만 열심히 일해서 겨울에 춥지 않고 양식 걱정 없이 살게 되어 뿌듯해 했죠. 그런데 개미에게 일이 터지죠. 여름날 자신의 몸을 돌보지 않고 너무 열심히 일한 나머지 갑자기 허리디스크에 걸린 거죠. 개미는 보험도 들지 않아서 그동안 번 돈을 병원비와 약값으로 소진하고 가난해졌죠.

반면 놀기만 했던 베짱이는 어떻게 되었을까요? 베짱이는 대박 부자가 되었답니다. 왜일까요? 베짱이는 마냥 놀기만 한 것이 아닙니다. 남들이 하지 않는 '락음악'을 연구하고 열심히 연습했습니다. 나중에 콘서트를 기획했는데 콘서트가 대박이 터져 큰돈을 벌었던 것이랍니다. '부지런한 개미보다는 게으르지만 베짱이가 현명할 수 있습니다.'

짧은 시간이지만 이러한 예화 기법의 스토리텔링은 임팩트가 있다. 그러나 스토리만 소개하고 끝내야 할까? 교훈이 되거나 의미가 있는 메시지를 함께 이야기하면 효과는 배가된다. 이 이야기의 메시지로는 단순히 '부지런한 개미보다 게으른 베짱이가 낫다'는 것보다 '남이 하지 않는 창의적 자기계발을 하라'든지 '그저 열심히 앞만 보고 달리지 말고 시대상황을 고려해 자기가 하고 싶은 일을 효율적으로 하라'가 적절하겠다.

최근 들어 이러한 스토리텔링에 대한 관심이 더욱 높아졌으며 거의 모든 강의 영역에서 간단한 사례나 예화일지라도 스토리텔링이 사용된다. 특히 고객만족이나 문제해결을 강의하는 강사들은 서비스 고객응대와 상황별 문제발생 시의 조치에 대한 성공과 실패 사례를 잘 활용해야 한다. 이 중 널리 알려진 것보다 생소한 스토리, 그중에서도 자신의 직간접적 경험에서 우러난 생동감 있는 스토리텔링을 찾아 소개한다면 교육의 반응은 상한가를 칠 것이다.

내가 하는 강의와 관련된 콘텐츠와 메시지에 대한 다양한 스토리텔링을 준비하도록 하자. 그렇다고 매번 매 단락, 메시지마다 스토리텔링을 하면 산만해질 수도 있으니 시간당 몇 건으로 제한한다. 스토리텔링을 뒷받침하는 시각자료를 준비하면 전달효과는 배가된다.

강의의 스토리텔링은 영화에서 전체적 흐름을 지배하는 스토리텔링이 아니라 간간히 펀치를 날리는 작은 에피소드와 같다. 우리가 흔히 이야기하는 '입담꾼' 역시 잔잔한 스토리텔링의 대가라는 사실을 잊지 말자.

스토리텔링 기획 시 유의사항

1. 강의와 관련된 것을 기획하라.

2. 비교적 짧은 시간(5분 이내)의 것을 준비하라.

3. 직간접적 경험담이 효과적이다.

4. 생소한 에피소드를 제공하라.

5. 교훈이나 시사점, 피드백과 연결하라.

6. 지나치게 많은 스토리텔링은 지양하라.

7. 내용상 부분적으로 스토리텔링을 활용하라.

8. 스토리텔링을 뒷받침하는 시각자료를 준비하라.

9. 청중(학습자)과 상호작용(질문 등)을 할 수 있도록 하라.

10. 모호하고 복잡한 설정은 피하라.

슬라이드
배치 오류

"강사님, 파워포인트 잘하시나요? 발표기법 과정인데 학습자들의 발표자료를 보고 지도를 병행해야 해서요."

"네, 파워포인트 또한 자신 있습니다. 자료 피드백도 가능하구요."

현자만 강사는 흔쾌히 강의를 수락하고 평소와 다름없이 강의를 준비했다. 그는 자신이 생각하기에도 파워포인트 실력은 수준급이라고 생각했다. 왜냐하면 강의할 때 슬라이드 교안에 대한 지적을 한 번도 받은 적이 없고, 동료 강사들에게도 가끔 파워포인트 자료 작성을 도와줄 정도이기 때문이다. 가공되지 않은 자료를 파워포인트로 정리하는 작업은 이미 달인의 경지에 이른 그에게는 너무나도 쉬운 일이다. 이리저리 뚝딱뚝딱하면 금세 한 장의 슬라이드가 만들어진다. 따라서 현자만 강사는 파워포인트 작성에 대한 부담이 전혀 없었다. 게다가 학습자들이 자신보다 파워포인트 작성 수준이 크게 높지 않을 것이라 생각해 피드백에 대한 자신감을 가졌다.

그러나 강의 당일 학습자들이 만든 교안을 본 현 강사는 당황했다. 그들이 만든 파워포인트 수준이 상당했기 때문이다. 알고 보니 제안 팀에 있는 직원 대부분이 파워포인트 고급 활용자들이었다. 왜 이런 중요한 정보를 지금에야 알았을까 했지만 이미 늦었다. 그들이 만든 것에는 적어도 현 강사의 수준으로는 딱히 교안에 대한 강력한 피드백 거리가 없었다. 현 강사는 아는 지식을 총동원해 슬라이드 배치에 대해 이야기했다. 하지만 학습자 일부에게는 턱없이 부족한 설명이었다.

현 강사의 강의 교안 작성 수준에 냉소적인 반응을 보이는 청중도 있었다. 파워포인트 기능을 설명하면 왜 이미 아는 뻔한 내용을 설명하냐는 듯한 학습자들의 반응을 읽을 수 있었다. 역설적으로 피드백 시간 내내 거꾸로 현자만 강사가 피드백을 받는 기분이었다. 현 강사는 어설픈 실력에 우쭐했던 자신이 고수를 만나 보기 좋게 패했다는 자괴감을 느꼈다.

자만은 자괴감을 부른다

'인생도처유상수(人生到處有相手)'라는 말이 있다. 인생의 도처에는 나를 넘어서는 인물들이 있다는 말인데, 이 말을 '강의청중유상수(講義聽衆有相手)'로 바꿀 수 있다. 파워포인트를 하다 보면 조심해야 할 것이 있다. 사실 기본적인 기능은 불과 며칠 만에 배울 수 있다. 한두 달이 지나 웬만한 자료를 파워포인트로 옮길 줄 알게 되면 별것 아니라고 생각한다. 그리고 더 이상 신경을 쓰지 않고 그 선에서 만족해버리고 만다. 마치 운전을 배워서 어느 정도 하게 되면 그때부터 두려워하지 않고 겁 없이 차를 모는 것과 같다. 그러다가 부주의로 인해서 사고가 나면 그때야 정신을 차린다.

파워포인트에서 초보자와 절대 고수의 차이는 하늘과 땅 차이다. 거의 20년 이상 파워포인트를 주무른 필자도 더 실력자인 고수를 만나면 고개를 떨군다. 더구나 요즘은 초등학교 때부터 파워포인트를 잘 다룰 줄 안다. 그러니 강사가 웬만한 실력을 갖고 파워포인트를 잘한다고 명함을 내밀지 못한다. 설상가상으로 어설프게 파워포인트 수준 운운했다가 고수를 만나면 주눅 들기 쉽다.

파워포인트 수준이 전문가의 경지까지 도달할 필요는 없지만 적어도 '이 정도면', '웬만하면'이라는 식으로 자신의 수준에 만족해서는 안 된다. 파워포인트 슬라이드에 콘텐츠를 배치할 때는 일정한 원칙을 준수해 응용해야 한다. 원칙을 잘 안다고 섣부른 자만심을 가졌다가는 자칫 자괴감에 빠질 수 있다. 단계별로 몇 가지 자료를 보자.

아마도 1단계의 파워포인트 실력으로 강의하는 사람은 없으리라. 조금 한다 하는 사람들은 2단계 슬라이드 정도로 변화를 준다. 그래도 뭔가가 부족하다. 어느 정도 잘하는 사람들은 3단계 정도를 만들 수 있다. 확실히 비주얼이 좋아졌다. 그러나 아무리 보기 좋다 해도 자만해서는 안 된다. 이보다 더 잘 만든 자료가 아주 많다는 사실을 잊으면 안 된다.

1단계	2단계	3단계
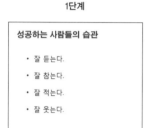		

단계별 슬라이드 이미지

아무튼 강의에서 슬라이드 배치는 최소한 2단계 또는 3단계 슬라이드 정도만 만들면 무난하다. 자동차 보닛만 열면 카센터 차린다고 하는 것처럼 파워포인트 조금 한다고 학습자들을 가르치려 해서는 안 된다. 어쩌면 그들 가운데 우리보다 파워포인트를 훨씬 더 잘하는 '변방의 고수'가 숨어 있을 수 있다.

레이아웃에서 조심해야 할 5가지

입담, 입심, 즉 구력(口力)을 자랑하는 강사들에게 레이아웃은 필요 없는 용어일 수 있다. 하지만 강의 내용의 양과 질을 조절해 적절하게 표현하는 것도 레이아웃이다. 레이아웃을 비언어적인 것에 국한시키지 말자. 따지고 보면 말하는 것도 모두 언어의 레이아웃에 해당한다. 조리 있는 언어는 내용을 잘 레이아웃한 결과이다. 강의 콘텐츠의 레이아웃을 짤 때 다음과 같은 5가지의 기본적 오류를 범하지 않도록 해야 한다. 파워포인트 슬라이드를 활용하는 강사는 완전히 숙지해야 하는 사항이다.

첫째, 핵심내용이 누락되어서는 안 된다.

앞에서 배운 MECE의 CE에 해당한다. 슬라이드를 보면 핵심이 무엇인지 모호한 경우가 있다. 전달하려는 키워드 정도는 교안에 나타내줘야 한다.

가령 신제품을 설명할 때 그것이 국내 최초로 만든 것이며, 연간 매출을 얼마 이상 달성했는지 등에 대한 것들은 제품정보에서 매우 중요한 콘텐츠다. 이를 누락시켜서는 안 된다. 해당 키워드를 바로 보여주는 것이 타이밍상 효과가 없다면, 콘텐츠에 애니메이션을 설정해놓고 대기시켰다가 강의 중 필요한 순간에 나오게 하면 큰 효과를 볼 수 있다. 빼먹지만 말자. 빼먹으면 정말로 곤란하다.

둘째, 산만하게 배치하는 것은 사절이다.

어떤 슬라이드 교안을 보면 콘텐츠들이 유기적으로 연결되어 있지 않고 화면에 둥둥 떠다니거나 카테고리 형태가 아닌 상태로 이리저리 흩뿌려져 있어 보는 이들이 제대로 시선을 집중할 수 없게 한다. 이처럼 콘텐츠를 '각자도생(各自圖生)'하게 하는 레이아웃은 피해야 한다. 자료가 산만하면 강의 몰입도가 떨어진다.

셋째, 불필요한 사족(蛇足)을 붙이지 않는다.

사족은 말 그대로 뱀의 다리다. 뱀을 멋지게 잘 그려놓고 다리를 그린다면 얼마나 황당한 일인가? 강의 교안 내용에서 사족 같은 군더더기나 쓸데없는 것들은 과감하게 덜어내야 한다. 이미지나 클립아트, 동영상 또한 강의에 연결고리가 있다면 보조 슬라이드로 만들고, 그렇지 않으면 빼버리도록 하자. 강의 교안은 사실 언어라는 표현수단의 보조 용도이기 때문에 더하기보다는 빼기를 더 잘해야 한다.

넷째, 오염(汚染)되지 않도록 하자.

기획에서 오염은 '물든다' 또는 '답습한다'는 개념이다. 즉 남의 자료를 그대로 베껴 쓰는 것도 오염이고, 기존의 것을 있는 그대로 쓰는 것도 오염이며, 고민하지 않고 끼워 맞추기식 배치를 하는 것 또한 오염이다. 이런 오염을 피해 나만의 청정 교안을 만들자.

마지막으로 가장 중요한 것은 '자만'하지 않는 것이다.

자만심은 강의에서 제일 경계해야 할 요소다. 강의를 잘하는 사람들이 곧잘 실패하는 이유는 실력만 믿고 자만하다가 청중 파악이나 상황대응에 소홀했기 때문이다.

강의는 철저하게 듣는 상대방(학습자 또는 청중)을 기준으로 진행된다. 내가 강의를 잘하는 것보다 상대방이 강의를 잘했다고 생각하는 것이 더 중요하다. 나만 만족하고 상대가 인정해주지 않으면 아무런 소용이 없다. 아무리 강의를 잘하고 스스로 명강사라 생각해도 어디에서도 불러주지 않고 시장에서 알아주지 않으면 다 무용지물이다. 강의나 강사 관련 무슨 협회나 단체에서 명강사로 인정받는 것보다는 강의 현장에서 명강의로 인정받아야 한다. 강의 기획안 또한 상대방이 명품 강의 교안으로 인정하는 것이어야 한다.

원페이지 파워포인트 슬라이드
레이아웃 요령

　20여 년간 강의에 잔뼈가 굵은 구성중 원장, 그는 예전과 지금의 강의를 비교하면 격세지감(隔世之感)을 느낀다고 한다. 특히 대부분 강사가 파워포인트를 잘 활용하는 것을 보면서 그런 느낌을 더 받는다. 구 원장도 이런 대세에 맞게 자료를 만들지만 실제 강의 현장에 사용하는 파워포인트 교안은 표지와 주요 내용을 담은 몇 장의 슬라이드뿐이다. 그는 아직도 화이트보드에 판서를 하고, 목청을 더 믿는 강사다. 한마디로 구 원장은 아날로그 강사인 셈이다.

　그렇더라도 그의 강의 주제는 비주얼 교안이 부족해도 무난히 버틸 수 있었고, 앞으로도 그럴 만한 것이었다. 그런데 어느 순간부터

구 원장이 변하기 시작했다. 파워포인트에 재미를 붙여 시간이 날 때마다 열심히 배우고 직접 공들여 교안을 작업했다. 그러자 또래의 나이 지긋한 동료 강사들이 비웃었다.

'어차피 나이가 들면 강의가 줄어들 텐데 지금 와서 그런 것을 해 봐야 헛수고야'라는 비웃음을 감수하면서도 구 원장은 파워포인트 프로그램 활용을 게을리하지 않았다. 파워포인트 기본기능 마스터, 슬라이드 제작 기법을 마스터했다. 내친김에 파워포인트 슬라이드 디자인까지 관심영역을 넓혔다. 관련 과정에 등록해 집중 트레이닝도 받았다.

당연히 그의 파워포인트 실력은 날로 발전했다. 판서의 비중은 줄어들고 보여주는 슬라이드의 페이지가 늘어났다. 교안의 비주얼은 지나치게 화려하지 않지만 충분히 세련되었고, 페이지 안에 있는 콘텐츠들은 서로 절묘하고 조화로운 배치를 이루었다. 이런 노력 때문에 점차 강의도 많아졌다. 동료강사는 강의가 없어서 전전긍긍할 때 구 원장은 강의 교안을 어떻게 만들 것인가를 고민했다. 이미 중년을 훌쩍 넘은 구 원장이 파워포인트 전문가가 된 것이다. 그는 가끔 사내강사들에게 파워포인트로 교안을 작성할 때 멋지게 활용하는 기법을 가르치기도 한다. 구 원장은 그 강의를 할 때가 제일 자신 있고 즐겁다고 한다.

균형과 짜임새는 레이아웃의 필수

잘생기거나 예쁜 얼굴은 한마디로 어떤 얼굴일까? 이목구비가 조화롭게 균형 잡힌 얼굴이 아닐까? 하나하나 유심히 살펴보면 나무랄데 없이 완벽한데 얼굴 전체로 보면 어딘가 조화롭지 않고 어색함을 느낄 때가 있다. 그만큼 여러 요소들의 어울림은 대단히 중요하다.

원페이지 파워포인트 슬라이드를 항상 얼굴처럼 레이아웃을 생각하도록 하자. 빼어난 미인과 미남은 아니더라도 균형과 짜임새를 갖추었다면 얼마든지 상대에게 호감을 줄 수 있다. 무엇보다 강의 콘텐츠는 한쪽으로 쏠려도 안 되고 어느 한 부분의 결손이 발생해도 안된다. 비뚤어지거나 기울어진 것은 바로잡아야 한다.

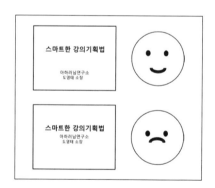

얼굴 형태의 슬라이드 배치

균형 있고 짜임새 있는 배치는 청중이 슬라이드를 바라보는 시선의 흐름도 고려하는 것이다. 청중은 슬라이드를 볼 때 한 번에 모든 콘텐츠를 보지 않는다. 보통 왼쪽 상단에서 가운데로 그리고 오른쪽으로 시선이 움직인다. 그 와중에 청중의 눈에 꽂힐 수 있는 핵심 콘텐츠의 배치가 중요하다. 핵심이 되는 콘텐츠는 슬라이드 화면에서 눈에 잘 띄는 자리에 배치해야 한다. 페이지상 매우 중요한 콘텐츠가 우측 하단에 있거나 슬라이드 아래 걸쳐 있듯이 숨어 있다면 배치에 실패한 것이다. 그깟 배치 하나 제대로 안 했다고 항의하는 청중은 없지만 프로강사라면 이러한 부분 하나에도 아쉬움을 남겨서는 안 된다.

슬라이드 레이아웃 10계명

머릿속에 두고두고 새겨야 할 것이니 강력하게 10계명으로 강조해본다. 보조 슬라이드나 스쳐 지나가는 파워포인트 슬라이드 자료(일명 스킵자료)가 아니라면 강의 교안을 구성할 때 분명히 준수해야 할 것들이다.

편의상 비포(Before)-애프터(After) 슬라이드로 이해를 도모했다

① 눈에 띄게 작성하라: 일단 잘 보여야 한다. 연극이 아무리 볼 만해도 앞사람 뒤통수에 가려서 못 본다면 무슨 소용인가? 일반 문서는 기획할 때 중점을 두는 부분이 읽기 편하게 해주는 '가독성'에 있지

만, 파워포인트 슬라이드 기획은 한눈에 들어오는 '가시성'을 강조한

다. 눈길을 끌지 못하면 강의 교안으로서 사명을 다하지 못한 것이다.

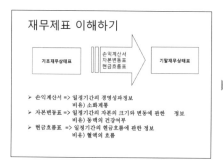
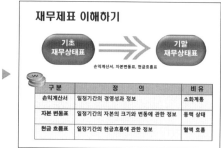

② 콘텐츠를 크게 하라: 깨알 같은 콘텐츠를 동원하는 강사들이 있

다. 멀리서 그것을 어떻게 읽으라는 것인지, 슬라이드에 돋보기라도

대봐야 하나? 포인터 버튼을 눌러 작은 콘텐츠가 저절로 커지지 않

는다면 생각하는 것보다 크게 만들어야 한다. 콘텐츠를 크게 만들면

강의의 스케일도 커 보이고 슬라이드 교안이 시원시원한 느낌을 줄

수 있다.

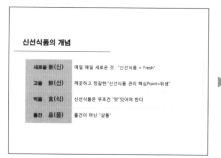

명강사 강의기획

③ 화면을 양분해 쓰지 마라: 얼굴에 가운데 금을 그어 양분하면 좋겠는가? 파워포인트 슬라이드는 독립된 한 장으로서 가치가 있다. 화면을 쪼개 쓰는 행위는 원룸에 파티션을 하는 것처럼 답답한 조치다. 특히 이미지 따로 텍스트 따로 나누는 것은 더욱 조심해야 한다. 따로따로 구성한 만큼 청중도 각각 쳐다봐야 한다.

 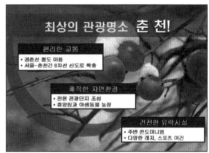

④ 단순하고 깔끔하게: 몇 개의 텍스트나 이미지 구성만으로도 충분히 강의자료를 만들 수는 있을 것이다. 부적절한 기교는 웃기지 않은 개그맨이 억지로 웃기려는 것과 같은 행위다. 강의 교안은 최대한 깔끔하게 만드는 것이 좋다. 용모로 보면 단정한 모습이라고 할까? 화장을 과도하게 하거나 액세서리를 많이 걸치면 오히려 단정해 보이지 않는다.

⑤ 내용상 욕심 내지 마라: 버리지 못하는 것도 병이다. 강의하다 보면 이 자료도 넣고 싶고, 저 자료도 넣고 싶다. 마치 짜장면도 먹고 싶고 짬뽕도 먹고 싶은 경우와 같다. 짬짜면처럼 함께 담아내면 좋겠지만 콘텐츠는 그렇게 단조롭게 구분되지 않는다. 그저 쉽게 내용을 줄여야 한다. 보통 텍스트로 강의 교안을 작성했을 때는 한 페이지에 11줄을 넘지 말아야 한다. 카테고리로 콘텐츠를 구조화할 경우 한 페이지 안에 카테고리를 2~5개 이내로 제한한다. 아무리 좋은 내용이라 해도 콘텐츠 남발은 안정감을 무너뜨린다.

ⓑ 유기적 연결고리가 있어야 한다: 콘텐츠 상호간 유기적 연결의 부족은 정리정돈이 되어 있지 않은 느낌을 주고 흐름을 잊어버리게 하며 배치상의 부조화를 유발한다. 패스트푸드점에서 세트메뉴를 주문했더니 시간 간격을 두고 따로따로 음식이 나오는 것과 같다. 첫 페이지에 햄버거를, 둘째 페이지에 감자튀김을 제공해 알아서 연결해서 먹으라고 하듯이 연결고리를 학습자나 청중에게 찾으라고 해서는 곤란하다. 요즘 결합상품이 대세인데 뭐든 결합해서 연결하려는 시도가 강의 교안 작성에서도 이뤄져야 한다.

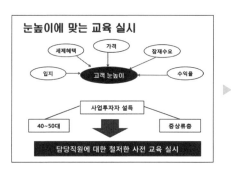 

ⓒ 고정관념을 깨뜨려라: 있는 그대로의 투박한 상태로 강의와 관련된 도표를 제공하는 강사가 있다. 한술 더 떠서 엑셀 프로그램에서 만든 자료를 하나도 손대지 않고 그대로 복사해 파워포인트에 붙여넣은 뒤 디스플레이한다. 그 촌스러움은 보지 않은 사람은 잘 알지 못한다. 모든 콘텐츠는 나름대로 논리만 살려낼 수 있다면 액면 그대로 사용하기보다 다양한 변형을 시도해야만 한다. 일반 도표는 이미

지화하거나, 얼마든지 자유롭게 다른 형태로 바꾸어 표현할 수 있다.
고정관념에 매이지 않으면 모두 가능한 일이다.

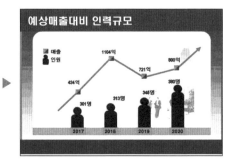

⑧ 가공한 흔적을 남겨라: 라면을 끓일 때 라면만 끓이는 것보다
계란이나 파, 또는 식성에 따라 김치를 넣고 끓이면 더욱 맛있다. 즉
내 입맛에 맞게 가공하는 것이다. 파워포인트 자료 또한 마치 라면처
럼 여러 가지 양념과 첨가물을 가미해야 제맛이다. 맨 라면을 계속
먹으면 질리듯이 가공하지 않은 자료는 자꾸 보면 싫증난다. 반드시
가공해야 한다.

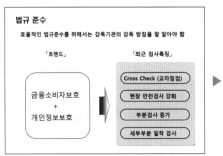

명강사 강의기획

⑨ 승부 콘텐츠를 만들어라: 프레젠테이션할 때 승부처가 되는 페이지를 일명 '킬링 슬라이드(Killing Slide, 승부 슬라이드)'라고 한다. 강의는 세트플레이처럼 짜인 프레젠테이션과 유연성 면에서 차이점을 갖기에 승부 슬라이드까지는 아니더라도 슬라이드 안에서 간간히 시선을 집중케 할 만한 승부 콘텐츠를 준비해 청중의 시선을 집중시킬 필요가 있다. 군이 구분하자면 전체 논리로는 승부 슬라이드이며 페이지상에서는 승부 콘텐츠다. 승부 콘텐츠는 말로만 하는 강의에서도 동일하게 적용해야 할 부분이다. 청중이 슬라이드를 보았을 때 제일 먼저 눈에 들어오는 키워드나 이미지를 강의 중간에 적절한 방법으로 삽입해 강조점을 드러내야 한다.

⑩ 기억에 남는 콘텐츠를 준비하라: 결혼식장에 가서 들었던 주례사가 기억나는 사람이 있을까? 매우 논리 정연한 주례사이지만 뭔가 기억에 남는 독특한 내용이 없어서 생각나지 않는다. 결혼식장에 대나무 검(일명 竹刀)을 가져가서 죽도에 얽힌 이야기를 간단히 한 후 신랑신부에게 대나무 검처럼 옹골차고 끈기있게 살라고 당부한 주례 선생님이 있었다. 지금까지도 짧지만 주옥같은 명주례로 기억된다. 설득력 있는 메시지와 이미지를 결합해 청중이 기억해주는 콘텐츠를 삽입하면 강의 교안으로서 존재감을 찾는 길이다. 보통 마지막 클로징 부분에 여운을 남기는 차원에서 주로 사용하지만 주제와 맞아떨어진다면 청중의 기억 한 켠에 그 콘텐츠가 자리할 수 있도록 시

간과 형식에 구애 없이 수시로 활용해보길 제안한다. 클로징 파워포인트 슬라이드 교안 작성법은 마지막 장에서 설명하도록 한다.

얕잡아 보다 큰코다치는
지적 소유권

다른 강사들도 다 그렇게 하기 때문에 크게 의식하지 않았다. 그 일이 벌어지기까지는 문제될 것이라곤 생각조차 못했다. 도대체 지 소유 강사에게는 무슨 일이 있었던 것일까?

그녀는 인터넷에서 이미지 검색으로 찾은 특정 이미지를 파워포 인트 슬라이드 교안에 삽입해 잘 사용했다. 자신이 집필한 책에도 그 이미지를 인용했다. 강의도 잘되고 책도 잘 팔렸다. 그러던 어느 날 출판사 편집자로부터 연락이 왔다. 원저작자가 책에 실린 이미지에 대해 저작권 침해 소송을 제기하겠다는 내용이다. 자신이 찍은 사진 을 허락도 없이 공개적으로 사용하는 것은 불법이라는 당사자의 말은 반론의 여지가 없었다. 결국 출판사에서 지적 소유권자에게 어느 정도의 보상을 약속함으로써 소송이 취하되었다.

그 뒤부터 지 강사는 사소한 것 하나도 인터넷에서 찾아 쓸 때면 촉각이 곤두서고 신경이 예민해졌다. 관련 법률을 엄격히 적용하자면 강의 교안에 넣을 자료가 별로 없다는 생각이 들었다. 그저 자신이 직접 쓴 텍스트 원고만 갖고 교안을 작성해야 하는 것인지 한편으로 허탈감에 빠졌다. 지소유 강사는 이번 기회에 지적 소유권에 관한 저작권법 공부를 하기로 했다. 그래야만 자신의 것도 지키고 타인의 지식을 정당하게 보호할 수 있어서다. 알면 알수록 합리적인 규범과 딜레마가 교차하는 것이 바로 저작권 분야였다. 지 강사는 공부를 계속했고, 그 일이 일어난 지 수년이 지난 지금 변리사가 되어 본연의 업무뿐 아니라 지적 소유권을 자문하고 코칭하는 전문강사가 되어 왕성하게 활동하고 있다.

현저하게 법률에 저촉되지 않는 범위 내에서

지적 소유권은 말 그대로 지적 재산에 대한 소유권이다. 이러한 지적 소유권은 산업발전을 목적으로 하는 산업재산권과 문화 창달을 목적으로 하는 저작권으로 나눈다. 강사들의 경우는 대체로 저작권과 관련된다. 저작권법은 법에 의하여 저작물의 저작자에게 부여하는 배타적 권리로서 저작권의 보호와 공정한 이용을 도모하기 위해 정부의 저작권 정책과에서 2009년 4월 처음 공표된 이래 일부 개정을 거쳐 법률 제12137호로 확정, 시행되고 있다.

저작권법에 의하면 저작권자의 의도와 무관한 어떠한 창작물에 대한 사용도 제재를 받게 되어 있다. 다시 말하면 원창작자의 동의 없이 저작권자의 지적 소유물을 사용하는 것은 모두 저작권 침해에 해당한다.

그럼 강의 현장의 현실을 살펴보자. 엄밀한 기준을 적용하면 대부분 저작권 침해에 걸린다. 강의 중에 보여주는 사진 이미지도 엄격한 잣대를 적용하면 해당자의 지적 재산이다. 재미 삼아 연예인의 사진을 보여주고 쉬는 시간에 뮤직비디오를 틀어주는 것도 초상권 침해요 음원사용료를 내지 않은 무단 복제에 해당된다. 스티브 잡스 프레젠테이션 동영상을 재생하는 것도 사전에 허락을 얻어야 하는 사안이다. 이것저것 빼고 나면 사용할 수 있는 것이 거의 없을 것 같다.

저작권 훼손 문제는 원칙대로라면 사소한 것도 법적으로 문제가 되지만 현실에서는 사회적 통념과 처벌에서의 관용 등이 제도적 잣대와 교차한다. 음반물이나 도서보다 강의 현장에서 관련법에 대한 적용이 더 느슨한 편이다. 단속도 어렵고 소모성 강의(일시적으로 행해진 강의가 대부분이라 증명할 방법이 거의 없다)를 법규 위반으로 몰고 간 사례도 많지 않기 때문이다.

어느 정도 베끼고 가져다 쓰는 것을 눈감아주는 관행이 있다 하더라도 저작권에 관한 무분별한 경계 설정을 허용해서는 안 된다. 적어도 자신이 강사라면 일정 수위의 범위 내에서는 저작권을 인정하고 법에 저촉되는 일은 가급적 피해야 한다. 리더십을 이야기하면서 국내 유명인사 사진을 띄우고 외국 대통령을 파워포인트 슬라이드에 출연시키는 정도까지는 봐줄 수 있다. 좋은 용도로 그들을 활용하는 것이고 또 허락없이 자신의 얼굴을 도용당한 주인공들이 많은 강의 현장을 일일이 돌아다니며 저작권 운운할 만한 사안은 아니기 때문이다(실제로 외국인 또는 고인이 된 주인공들도 많다).

그러나 다음과 같은 경우는 사정이 다르다.

① 어느 강사가 만든 교안 몇 페이지를 그대로 자신의 교안에 삽입하였다.

② 책의 일부를 출처도 밝히지도 않고 그대로 갖다가 자신이 한 말처럼 포장해서 썼다.

③ 유료로 사용을 명시한 프로그램이나 각종 진단지나 교재 등을 불법으로 복사해서 교육에 활용했다(예를 들어 커뮤니케이션 또는 성격심리검사에 사용되는 DISC나 MBTI 등의 진단지는 진단 비용을 들여 구입해야 한다. 그런데 이를 과감하게 복사해서 쓰는 간 큰 강사들이 많이 있다).

강사들이 저작권법에 위배되지 않게 콘텐츠를 활용하는 방법이 전혀 없는 건 아니다.

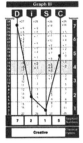

유료로 사용해야 하는 진단지의 예

첫째, 원저작자의 동의를 얻든지, 여의치 않으면 출처를 분명히 밝히면 된다. 책의 한 구절, 조사자료, 이미지의 출처를 잘 밝히면 설령 나중에 문제가 생기더라도 잘 대비할 수 있다.

둘째, 내용을 패러디하거나 적절하게 가공해보는 것이다. 스티븐 코비의 성공하는 사람들의 7가지 습관이라면 도날드 카피의 성공하는 강사의 7가지 습관이라고 하고, 스타트-업(START-UP)이라면 업-스타트(UP-START)라는 새로운 개념을 만들면 된다.

셋째, 적절한 대가나 사용료를 지급하는 것이다. 사실 저작권자와 합의된 저작권 사용료를 지불하는 것이 가장 깔끔하다. 강의는 주로 콘텐츠이기 때문에 터무니없는 특허사용료를 요구하지는 않을 것이다. 이해당사자들과 잘 조율하면 굳이 쉽게 갈 수 있는 길을 어렵게 가지 않아도 된다.

모든 것이 지적 소유권을 갖은 사람의 동의하에 이루어지는 것이 가장 최상의 방법이다. 출처를 밝히더라도 저작자가 사용을 허락하지 않으면 저작권 침해에 저촉될 수 있다는 점에 주의해야 한다. 어떠한 경우든 지적 소유권은 인정되어야 하며 개인의 저작권은 법률로부터 보호를 받는 것이 마땅하다. 상식적인 선에서 적절하게 활용하고 누가 봐도 분명히 법에 위배되는 행동은 원천적으로 차단하는 것이 타당하다. 그냥 속 편하게 남의 것 사용하지 말고, 자신이 직접 만들어 쓰는 것도 생각해봐야 한다.

자신의 것을 방어하고 타인의 것을 인정하라

승리의 여신 '나이키' 마크를 처음 그린 사람은 가난한 디자이너였다. 그러나 그녀는 셋방살이 생활고에 시달려 주인아들에게 고작 30달러에 그 디자인을 팔았다. 후에 그 마크가 천문학적인 스포츠브랜드가 될 줄 그녀는 꿈에도 몰랐다(지금 그녀는 할머니가 되어 미국 플로리다 주에서 화병으로 살아간다는 소문이 있다).

자신이 개발한 것은 어떻게든 지켜내야만 한다. 강의에서도 기발한 강의 주제, 신선한 프로그램 등은 특허를 내서라도 고수하도록 해야 한다. 강의는 대량생산을 하는 제품이 아니기 때문에 자칫 지적 소유권을 지켜내지 못할 때가 있다. 누가 원저작권자인지도 모르고 돌아다니는 것이 태반이다. 집에 있는 컴퓨터에 정품 프로그램을 쓰지 않고 복제품을 깔아 쓰듯이, 이곳저곳에서 모은 강의 교안이나 자료를 베껴 쓰는 것에 아무런 죄책감을 느끼지 못하는 강사들도 많다. 더욱 어처구니없는 것은 갖고 온 자료를 마치 자기 것인 양 둔갑시켜 쓰는 강사들이다. 그들은 강의 실력 이전에 윤리의식부터 다시 배워야 한다.

또한 디지털 스마트 시대에 자신의 정보를 제대로 지켜내기가 쉬운 일이 아니다. 우리가 하루를 지내면서 알게 모르게 CCTV에 수도 없이 나 자신이 녹화되듯, 쥐도 새도 모르게 내 강의가 모니터링되고 저장될 수 있다.

간혹 소리 없이 강의 현장에서 슬라이드에 스마트폰을 들이대는 학습자나 캠코더를 강사 쪽으로 향하는 담당자가 있는데, 이는 매우 몰지각한 행동이다. 이런 부분에서 강사는 당당한 권리를 찾아야 한다. 어쩔 수 없는 시스템이라 해도 담당자에게는 몰래 촬영하는 행위에 대한 적절한 가이드라인을 설정해서 상대방이 기분 상하지 않도록 자연스럽게 제재해야 한다. 물론 공개해도 좋을 자료라면 얼마든지 선심 써도 된다(이 같은 결정은 결코 쉬운 일이 아니다).

공개를 요구하는 담당자에게 거절해 그가 기분이 나빠져 강의를 의뢰하지 않을 수도 있지만 실력만 있으면 그쪽이 아니어도 강의할 곳은 많다. 좌우지간 내가 오랜 시간을 고생해서 만든 결과물이 누군가에 의해 수십 초 만에 카피되는 것은 상당히 기분 나쁜 일이다.

나의 지적 소유권이 유출되지 않도록 사전에 잘 관리하자. 노트북에는 되도록 암호화 장치를 걸어놓도록 하자. 식사시간처럼 긴 시간 자리를 비울 때 노트북을 켜놓은 채로 이동하지 말아야 한다. 반대로 나의 것을 지키는 만큼 남의 것도 잘 지켜주도록 하자. 남들이 공들인 것에는 어쨌든 욕심을 내지 않아야 한다. 그가 가진 콘텐츠의 지적 소유권을 최대한 보장해주는 것은 기본권을 보장하는 것과 같다.

만일 어떤 강사의 강의자료가 그 콘텐츠의 원주인이 따로 있는 것이 분명하다면 바로바로 일러줘야 한다.

+ Plus Tips

지적 소유권 관련 법규

구분	내용	비고
실용신안법	•실용적인 고안을 보호, 장려하고 그 이용을 도모함으로써 기술의 발전을 촉진하고 산업발전에 기여하기 위해 제정한 법	법률 제952호
특허법	•발명을 보호, 장려하기 위한 법률	법률 제9381호
상표법	•상표를 보호하기 위해 제정된 법률	법률 제10885호
저작권법	•저작권자의 권리와 이에 인접한 권리를 보호하기 위해 만든 법률	법률 제9625호
디자인보호법	•창의적으로 고안된 디자인을 보호하기 위한 법	법률 제13840호

6장

강의 교안,
이것이 최선입니까?

내용 맞춤형
이미지 활용

기업체 워크숍 특강을 의뢰받은 간지난 교수는 강의를 위해 복장 등의 이미지에 신경을 썼다. 한여름이었지만 말쑥한 한 벌의 정장에 하얀색 와이셔츠와 체크무늬 넥타이, 그리고 번쩍번쩍 광 나는 검정색 구두를 신었다. 거울에 비춰진 간 교수의 모습은 한마디로 전통적인 정장세트의 완성이었다.

워크숍은 한적한 교외 연수원에서 진행되었다. 차에서 내려 강의장으로 가는데 여름 뙤약볕이 그의 와이셔츠를 땀으로 젖게 만들었다. 강의장에서 맨 처음 그의 눈에 들어온 것은 반팔 티셔츠와 민소매를 입은 자유분방한 청중이었다. 자신과 매우 대조적인 복장이라 간 교수는 조금 머쓱해졌다. 학습자들은 매우 활기있고 생기발랄했지만 그는 어울리지 않게 매우 차분하고 논리적으로 강의를 시작했다.

아무리 에어컨이 나오지만 무더운 날씨라 상의를 벗고 싶었다. 하지만 예의가 아닌 것 같아 그대로 묵묵히 진행했다. 청중이 하나둘 힘 빠지는 모습이 눈에 들어왔다. 파워포인트에는 글자만 있을 뿐 이미지 슬라이드는 전혀 없다 보니 자료의 역동성마저 없었다. 땀이 비 오듯했고 와이셔츠는 간간히 벨트를 헤집고 나오려 했다.

무겁고 진지한 강의가 끝난 후 복장을 고쳐 입으려고 화장실에 간 간지남 교수는 교육생들이 자신에 대해 이야기하는 것을 우연히 엿듣게 되었다. 간 교수는 갑자기 멍해지는 느낌이 들었다.

"아까 그 교수님 말야, 양복 입고 땀 뻘뻘 흘리면서 강의하는 모습이 좀 안돼 보이더라."

"그러게 말야, 상의라도 좀 벗고 하시지. 그런데 너무 진지하셔서 재미가 하나도 없더라. 우리는 광고관련 회사인데 어떻게 파워포인트에 그림 한 장 없냐? 아무튼 우리 회사 이미지하고는 안 맞으셔."

이미지는 철저한 매칭이다

혹시 '이미지 매칭 기법(Image matching skill)'이라고 들어보았는가? 보수적인 사람에게는 보수적 이미지로, 개방적인 사람에게는 개방적 이미지로 접근하는 식으로 상대가 선호하는 것에 맞추어 이미지 공략을 할 때 호감을 줄 수 있고, 훨씬 효과적이다. 청중이 한여름의 자유복장을 입었다면, 정장보다 캐주얼 복장이 낫지 않았을까? 대상 회사가 광고회사라면 어느 정도 이미지화한 교안이 후한 평가를 받게 했을 것이다.

일기예보 기상캐스터는 언제나 밝고 명랑하게 날씨 정보를 제공한다. 그러나 전국에 엄청나게 많은 비가 내려 물난리가 나고 이재민이 발생했는데, 기상 캐스터가 화사한 복장에 밝은 표정으로 새로이 닥칠 우천을 대비해 피해가 없도록 주의하라고 예보한다면 그 상황에 적합한 이미지라고 할 수 있을까?

'위기관리' 강의를 하는데 전혀 위기감을 못 느끼게 하고 '웃음치료'를 강의하는데 자연스럽지 않은 억지웃음을 강요하는 실습을 한다면 이는 모두 이미지 매칭의 실패다. 파워포인트 슬라이드 교안도 그렇다. 파워포인트에 사용하는 이미지는 색채(컬러 이미지)와 단순한 도형에서부터 사진, 클립아트, 그래픽 이미지까지 다양하다. 이를 잘 활용하려면 각각의 이미지가 주는 느낌과 특성을 정확히 파악해 강의 내용에 어울리게 작성해야 한다. 예를 들어 경영전략에 대한 이야기를 한다면 반듯하고 각진 이미지가 어울리고, 고객만족 서비스에 대한 강의라면 둥글둥글한 이미지가 잘 어울린다.

파워포인트 슬라이드 교안 작성 시 이미지화할 때 유의해야 할 사항은 4가지가 있다.

첫째, 웬만하면 이미지화하라. 보여주고 말하는 강의이기에 텍스트 원고는 이미지로 표현하는 것이 바람직하다. 부연설명이 있다면 원슬라이드 원이미지(One Slide, One Image)도 괜찮다. 아래 좌측의 슬라이드는 보기만 해도 답답하다. 차라리 이미지를 사용해 슬라이드를 나누어 작성해보는 것이 어떨까? 한 페이지에 텍스트만으로 구성해야 한다는 생각은 케케묵은 발상이다.

둘째, 내용에 맞는 이미지를 써야 한다. 자동차에 대해 이야기하면서 자동차 이미지를 한 번도 등장시키지 않는다면, 첨단 ICT(정보통신)에 대한 내용을 강의하면서 이미 낡을 대로 낡아버린 아날로그 이미지를 썼다면 그 교안이 무슨 질적 가치가 있겠는가?

셋째, 전체적으로 일관된 이미지를 사용한다. 처음부터 사진 이미지를 썼다면 그런 기조를 유지하고, 만화 형태의 클립아트 이미지를 활용했다면 계속해서 그런 방식으로 교안의 스타일을 연출하도록 해야 한다. 첫 장에는 사진 이미지를 쓰고 둘째 장과 셋째 장에는 성격이 다른 클립아트를 적용했다면 전체 강의의 기조를 흐리게 한다. 청중은 들쭉날쭉한 이미지를 보며 강의를 평가절하할지 모른다.

　네째, 이미지를 적절하게 가공해 내용과 최적화시켜라. 자료도 무조건 가공하는 것을 원칙으로 해야 한다고 배웠다. 인터넷이나 다른 곳에서 얻은 이미지를 어울리지 않게 그대로 슬라이드 교안에 옮겼다면 청중은 교안 자체의 '날림공사'를 의심할 것이다. 이미지 캡처를 하더라도 파워포인트 프로그램을 통해 적절한 가공 단계를 거치는 이른바 '이미지 검수'를 해야 한다.

　흔히 인터넷 등에서 이미지를 가져올 때 사진과 텍스트가 붙어 있는 이미지를 그대로 보여주는 강사가 있는데, 이런 경우에는 사진 이미지만 가져오고 텍스트는 파워포인트에서 직접 입력해야 더욱 선명한 자료를 얻을 수 있다. 회사명이나 심볼 마크 같은 경우는 텍스트로 쓰는 것보다는 그래픽 이미지로 만들어진 것을 쓰면 훨씬 세련돼 보인다.

화장을 하듯 이미지를 다듬어보자

　여자가 화장을 하면 아무래도 좀 더 이뻐 보인다. 거꾸로 다듬지 않은 생얼(민낯)이나 짙은 화장은 역효과를 줄 수 있다. 적절한 화장을 하듯이 이미지를 가공해보자. 그러면 강의의 민얼굴에 예쁘고 멋진 화장을 한 것과 같다.

특히 파워포인트 슬라이드에 사진 이미지를 삽입할 경우는 사진을 그대로 붙여 넣는 것보다 여러 가지 이미지 형태로 가공하는 것이 훨씬 보기에 좋다. 한 장의 사진은 이미지가 슬라이드 화면에 꽉 차게 보여주는 것이 세련되고 2장 이상의 사진을 구성할 때는 일률적인 똑같은 형태로 배열하지 말고 알맞게 변형하여 배치해야 한다.

컬러 이미지도 잘 써야 한다. 보통 색상에서 원색의 사용은 화려함을, 지나치게 다수의 색 혼용은 복잡함을 준다. 가령 빨갛고 파랗게 물든 원색을 사용한 교안은 북한에서 만든 자료임을 연상케 하고, 조화롭지도 않고 알록달록하게 이것저것 많은 색상을 사용한 교안에서는 수준 낮은 모자이크 작품을 떠올릴 수 있다.

교안의 색상은 단순하고 순수한 색상으로 시각적인 멋을 살려야 한다. 한 슬라이드 내에서 전혀 다른 색상의 사용이 3개를 초과하지 않는 것이 좋다. 빨간색, 파란색, 초록색, 노란색 등 색이 많으면 유치해 보인다. 빨갛고, 불그스레하고, 불그동동한, 이른바 그라데이션 색상은 동일한 계열의 한 색상으로 간주한다.

이외에도 배경 색상과 지나치게 대비되는 내용의 색상 사용을 지양하고, 투박하고 칙칙한 무채색은 멀리해야 하며, 색상이 본래 지닌 고유의 느낌을 살려주면 좋다. 컬러는 결국 어떤 색상을 쓰느냐에 따라

이미지 매칭의 한 축을 담당한다. 이왕이면 다홍치마라지만 교안의 내용과 어울리는 컬러 이미지를 써야 한다. 전체적인 이미지도 마찬가지다. 슬라이드 화면에 어울리게 잘 배치해야 한다.

잘 만드는 것도 중요하지만 이미지가 잘 어울리는가가 더 중요하다. 내용에 맞게 다듬으면 훨씬 달라진다. 기억하자.

"Good image makes success instruction(좋은 이미지는 성공 강의를 부른다)."

클립아트로
강의 교안 인테리어하기

　강의 의뢰를 받고 얼마 지나지 않아 교육담당자가 강의 교재를 부탁했다. 인태리 강사는 내용을 충실히 하여 성의 있게 교안을 작성해서 보냈다. 담당자는 교안에 대해 이렇다 할 언급도 하지 않았다. 교육 당일 강의장에 조금 일찍 도착했다. 강의교재가 진행실에 있었다. 혹시라도 참고할 겸 교재를 죽 넘겨보았다. 그런데 매우 인상적인 교안이 눈에 들어왔다.

　파워포인트 슬라이드를 그대로 인쇄해 편집한 것인데, 그 교안은 강의의 전체 페이지가 슬라이드 제목과 클립아트로 이미지로만 이루어져 있었다. 다만 교안 한 켠에 자리잡은 클립아트 이미지 외의 빈 공란은 학습자들이 메모할 수 있도록 빈 노트와 같은 줄긋기가 되어 있었다.

'아, 이렇게도 교안을 만들 수 있구나' 인 강사는 생각했다. 더욱 신기한 것은 클립아트 하나하나가 평소 잘 보지 못했던 독창적인 것들이라는 점이었다. '이런 것을 모두 유료로 샀나?'라는 생각도 들었다.

갑자기 이렇게 교안을 작성한 강사가 어떻게 강의할까 궁금해졌다. 마침 이미 끝난 강의과목이라 잠시 짬이 났을 때 담당자에게 그 강의가 어땠냐고 조심스럽게 물어보았다. 그랬더니 담당자는 한마디로 말했다.

"반응 최고였어요. 클립아트 이미지로 재미있는 스토리텔링을 하시더라구요."

클립아트 홀대하다가 망신 당한다

파워포인트 슬라이드 교안에 클립아트 이미지를 한 번쯤 다뤄보았을 것이다. 페이지에 클립아트가 있는 것과 없는 것은 조미료로 음식의 맛을 냈느냐 내지 않았느냐의 차이다. 특히 콘텐츠를 배치하고 휑하게 남은 공간을 클립아트 이미지로 채우면 안정감을 줄 수 있다. 또한 클립아트 한 장을 잘 골라서 간단한 사례나 예화를 소개할 수도 있고, 말하고자 하는 콘텐츠의 이해를 도울 수 있다. 반대로 클립아트 이미지 사용에 인색하면 교안 자체도 건조하고 인정머리 없어 보인다.

일반적으로 클립아트를 활용할 때는 몇 가지 준수해야 할 사항이 있다.

첫째, 콘텐츠에 걸맞은 클립아트를 써야 한다.

간혹 어떤 강사들의 클립아트를 보고 '도대체 저 클립아트는 왜 가져왔지?' 할 때가 있다. 내용이 회의에 대한 것이라면 회의와 조금이라도 관련 있는 클립아트를 활용해야 한다. 내용에 맞는 신선한 클립아트 이미지 자료는 인터넷에 많이 있다. 특히 포털사이트에서 검색하면 찾고자 하는 이미지가 거의 다 나온다. 물론 공개적으로 사용이 허용된 이미지라야 한다(인터넷 블로그나 카페에 공개자료가 많이 있다).

둘째, 내용과 같이 있을 때는 클립아트가 주가 되어서는 안 된다.

'주객이 전도(主客顚倒)된다.' 교안 작성에서는 그렇지 않도록 하자. 클립아트는 독립적으로 있을 때를 제외하면 콘텐츠와 함께 있을 때는 스스로 '객(客)'이 되어야 한다. 다시 말하면 콘텐츠가 갑이요, 클립아트 이미지는 을인 셈이다. 간혹 클립아트 이미지가 콘텐츠와 함께 있는 교안에서 클립아트가 콘텐츠를 압도할 때가 있는데, 이때는 살짝 눌러줄 필요가 있다.

셋째, 늘 봐왔던 식상한 클립아트 이미지는 배제한다.

파워포인트 초창기에 프로그램에 함께 깔려 있던 클립아트는 지금 보면 완전 촌티가 나는 것들인데, 구하기도 힘들 텐데 아직까지 이런 이미지를 쓴다는 것은 도무지 이해할 수 없다. 교육장 안내 표지나 회의실 표지판에 항상 자리하는, 수십 번도 더 보아왔던 클립아트들과 이제 과감하게 결별할 때가 왔다. 인터넷에서 잘 찾거나, 아니면 유료로 구입하더라도(그렇게 비싸지도 않다) 생소하고 신선한 것, 창의적인 클립아트는 지척에 무궁무진하다.

식상한 클립아트

주객의 전도

실패한 클립아트 활용의 예

클립아트로 나만의 인테리어 꾸미기

템플릿 디자인과 콘텐츠로서 텍스트, 객체, 도표 디자인 등이 나온 후에 클립아트 차례다. 마지막 공정이 클립아트로 꾸미기인데 건축물로 말하면 마감재 인테리어 공사요, 자동차로 하면 내장재 작업에 해당한다. 집도 자동차도 옵션을 잘 선택하고 필요하다면 돈을 더 들여서라도 인테리어를 가꾸는 것이 좋은 법이니 어쨌든 잘 꾸며야 한다.

다음 슬라이드는 클립아트 이미지를 쓴다고 했지만 세련되지 못하다. 어울리지 않게 무슨 압정을 꽂아놓고 아래에 텍스트로 해당 이미지 단어를 써놓았다. 이미지를 클립아트로 찾아 활용하면 될 것을, 참 촌스럽게 처리했다. 전반적으로 클립아트를 포함한 이미지 리모델링을 했더니 좋아졌다. 보험상품을 소개하는 것인데, 우측 강의자료가 훨씬 명강사의 작품다운 면모를 보여준다.

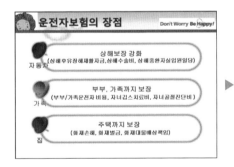 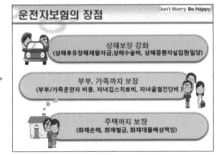

필요할 때 터트리는
멀티미디어 활용기

반작중 상무는 사내에서 가끔 신입이나 부서원들에게 강의를 한다. 항상 변화 있는 삶을 추구하는 반 상무답게 그가 만든 파워포인트 슬라이드 교안도 거의 자유로운 영혼이다. 특히 그는 음성 및 동영상 재생, 그리고 애니메이션 활용을 좋아한다.

그런데 반 상무의 변화 있는 플레이가 멋있기만 한 것은 아니다. 시도 때도 없이 둔탁한 소리(레이저, 바람소리 등)를 내며 날아오는 콘텐츠들, 형편없는 화질의 동영상, 요란한 화면전환 등을 보면 정신이 산만해진다. 당장이라도 누군가 나서서 지적해주면 좋겠는데, 감히 반 상무에게 직언하는 사람은 아무도 없다.

반 상무는 점점 더 많은 멀티미디어를 즐겨 활용하게 되었다. 그러던 어느 날 대표이사가 들러 그의 강의를 들었다. 대표는 반 상무가 하는 멀티미디어 활용을 유심히 지켜보았다. 요란함, 빈번함, 식상함의 3박자가 결합된 연출을 보며 대표이사는 눈이 작아졌다. 짧은 강의가 끝난 뒤 대표이사는 조용히 반 상무를 자신의 방으로 불렀다. 그리고 나지막하고 진지한 목소리로 말했다.

"다음부터는 강의할 때 어지러우니 파워포인트 치우세요."

멀티미디어는 필요할 때만 활용하라

강의 기획 부문에서 멀티미디어 활용 분야는 어떤 것들이 있을까? 우선 음악을 틀어주는 경우가 있다. 음악은 강의 도중보다는 쉬는 시간에 MP3나 DVD파일을 틀어놓는 경우가 대부분이다. 보통 강의 중에는 단순히 음악을 재생하기보다 동영상 플레이를 많이 활용한다. 주제에 맞는 참고 동영상에서부터 토의 같은 실습을 유도하기 위한 동영상, 기타 흥미를 유발하는 스팟 동영상까지 다양하다. 내용물도 각양각색이다. 영화와 드라마를 잘라냈거나, 뉴스, 특집방송, 인터뷰, 홍보영상 등을 잘 활용한다. 하루 종일 강의하면서 동영상을 한 번도 사용하지 않는 강사들은 거의 없을 정도다.

이외의 멀티미디어 활용은 파워포인트에 내장된 애니메이션 설정을 통한 슬라이드쇼를 진행하는 것이다. 이 또한 단순한 것에서 복잡한 것까지 수천 가지 애니메이션을 선보일 수 있다. 그때그때 강의의 상황과 여건에 따라 어떤 동영상을 써야 하는지는 철저하게 강사들의 재량에 달려 있다. 하지만 동영상은 제때에 틀지 않거나 피드백이 확실하지 않으면 순기능보다 역기능이 더 많다. 멀티미디어 활용은 잘하면 강의의 강력한 도우미가 되지만 잘못 쓰면 강의에 방해물이 된다. 예전에 보았던 것을 틀었다든지, 에러가 났다든지, 내용이 맞지 않았다든지, 조작이 서투르다든지, 타이밍이 맞지 않았다든지 하면 곤란하다. 따라서 멀티미디어는 꼭 필요한 순간에 사용하는 자동차보험 긴급출동 서비스처럼 이용해야 한다.

일반적으로 강의 교안의 멀티미디어 활용 시에는 다음 몇 가지를 유의해야 한다.

첫째, 너무 길거나 자주 등장시키지 않도록 한다.

동영상 시청 시간이 10분을 넘어가면 강사가 특별히 하는 일 없이 자리만 지키는 듯한 인상을 줄 수 있다. 동영상이 방영될 때 계속 뭘 해야 할지 뻘쭘할 때가 있다. 계속 부연설명을 하기도 뭐하다. 또 빈번하게 등장하는 동영상은 강의의 흐름이 끊어지게 할 수 있다. 보통 동영상은 5분 이내의 것으로, 한 시간에 1~2개 이내의 동영상을 적절하게 사용할 것을 권장한다.

둘째, 조작이 서투르지 않도록 한다.

대개의 경우 음악이나 동영상은 파워포인트 슬라이드 교안의 한 페이지에 직접 삽입하거나 있는 콘텐츠에 링크(실행설정을 통한 하이퍼링크 수행 기능)를 걸어 청중에게 보여준다. 이때 어설픈 조작으로 헤매거나 당황하지 않도록 해야 한다. 보통 파워포인트의 실행설정 경로가 달라지고 연결된 동영상 파일을 빼놓고 파일을 옮겨 플레이가 되지 않거나, 호환성 문제로 화면이나 음성이 나오지 않을 때가 있다. 강의 전에 미리 설정을 확인하고 강의장에서 잘 구현되는지 확인해야 한다.

셋째, 지나친 슬라이드쇼는 자제한다.

상황에 맞지 않는 현란한 동영상은 피해야 한다. 예를 들어 나이가 지긋한 청중에게 개그 프로그램이나 락음악이 나오는 K-POP 영상은 부적절하다. 동영상보다 오버하는 슬라이드쇼 연출은 사실 파워포인트 애니메이션 기능에서 비롯된다. 삐융삐융 소리를 내고, 마치 무협영화를 연상케 하는 듯 사방에서 튀어나오고 휘돌아치고 흩어 뿌리는 애니메이션 설정은 이제 정신을 오락가락하게 만드는 고문 도구처럼 느껴진다.

파워포인트 슬라이드 애니메이션은 기능이 다양하고 매우 정교한 시뮬레이션 디스플레이도 가능하다. 그러나 강의에서는 무슨 대단한

쇼를 하는 프레젠테이션 수준을 지향하지 않아도 된다. 강의에서 애니매이션 설정은 크게 2가지만 쓴다. '밝기변화'를 통한 나타내기와 '날라가기' 가능이다. 새로운 콘텐츠를 보여줄 때는 밝기변화 설정이 적절하고, 있는 콘텐츠를 가렸다가 보여줄 때는 가림막 객체가 날아가게 설정하는 것이다(지금 이야기하는 것을 잘 이해하지 못하는 사람은 당장 파워포인트 기능학습이나 학습서를 구입해서 읽어봐야 한다).

'이런 것 저런 것 다 필요없이 애니메이션 설정을 안 하면 어떤가?' 라고 할지 모르지만 애니메이션은 타이밍상 요긴할 때가 많다. 말을 하기도 전에 화면에 다 비추어놓으면 맥이 빠지고 타이밍을 조절하면서 적시에 강의를 통해 공개하는 스릴도 없어진다. 중요한 질문에 대한 답을 공개할 때라든지, 호기심을 갖게 했다가 반전의 이미지를 보여줄 때는 애니메이션 설정이 효자 노릇을 톡톡히 한다.

"우리의 뇌는 (   )할 때 가장 창의적인 두뇌활동을 한다고 합니다. 언제일까요?" 하면서 뜸을 들였다가, (   )의 답, '멍때리기'를 키워드로 밝기변화하면서 나타내기를 하면 극적인 효과를 낼 수 있다.

한편 애니메이션으로 뭔가가 화면에 등장할 때는 되도록 소리는 무음으로 설정한다. 파워포인트 프로그램에 내장된 소리치고 썩 좋은 것이 별로 없고, 소리가 없는 것에 예민한 청중은 아직 보질 못했다. 오히려 소리 때문에 귀에 거슬린다는 무언의 클레임을 받을 수 있다. 화면을 보여주는 것만으로도 충분하다.

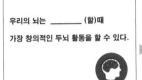  

애니메이션 단계

멀티미디어 교안 한 장 꾸며보기

세상의 변화, 트렌드 이야기를 강의하려고 한다. 잘 먹고 잘살자는 '웰빙(Well-bing)'의 시대에서 나를 치유하며 살자는 '힐링(Healing)'의 시대로, 그리고 이제 잘 늙어가야만 하는 '웰에이징(Well-aging)' 시대가 도래했으며 앞으로는 인생의 마무리를 잘 지어야 하는 '웰다잉(Well-dying)' 시대를 준비하자는 내용으로 열강을 하려고 한다.

이를 원페이지 슬라이드 한 장에 죄다 띄워 강의한다고 생각해보자. 힘이 날까? 이미 청중에게 다 보여줘서 그들이 읽고 있는데? 하나하나 순차적으로 '밝기변화' 애니메이션 설정으로 나타내면서 강의하면 강의에 쿠션이 가해지고 청중의 단계적 호기심을 유발할 수 있다. 이것이 바로 강의 교안의 변화, 애니메이션의 필요성과 효과다.

여기에 반전 효과를 주는 한 가지 콘텐츠를 질문과 함께 시기를 조절해 튀어나오게 한다면 흥미도 줄 수 있다. "이런 변화의 시대에 그래도 변치 않는 불변의 트렌드가 있습니다. 그게 무엇인지 아십니까?(라고 말한 후 'S&L'이라는 글자를 크게 띄운다). 바로 'S&L'입니다. 'Slim&Long.' 가늘고 길게 가자는 것입니다. 굵고 짧게 가는 인생이 아니라 가늘고 길게 가는 '안정지향적 트렌드'가 이제 대세입니다."

단 한 장의 슬라이드 안에서 세상의 변화를 이야기하면서 유머코드까지 애니매이션으로 설정했다가 보여주니 이는 '변화관리', '마인드' 교육에 적합한 콘텐츠라 할 수 있다. 강의에 멀티미디어를 삽입하고 피드백과 메시지를 전달한다는 것은 만만치 않은 작업이며, 그 여건 또한 녹록치 않다. 하지만 나의 강의 콘텐츠를 더욱 빛나게 해줄 수 있는 가장 경제적이면서도 강력한 수단은 멀티미디어 활용이라는 사실을 명심하도록 하자.

명강사 강의기획

오탈자와 함께 떨어지는
강의의 품격

강의 교안을 인쇄해서 교재를 만들고 보니 '이럴 수가!' 남들이 민망할 정도로 오탈자와 허점 투성이다. 오류한 강사는 교재 구석구석에 숨어 있는 작은 오탈자들을 수정하기 시작했다. '변명'이라고 쓴 부분을 '변명'으로, '진심을 축하'라고 쓴 부분을 '진심으로 축하'로 맞게 고쳤다. '행복 전도사'를 '항복 전도사'로 쓴 부분에서는 쓴웃음이 나왔다. 그뿐인가? 날짜에도 오탈자가 있었다. 출처를 밝히는 부분에서 「2016년 환경단체 보고서」를 「20016년 한경단체 보고서」라고 표기된 것을 보고는 어이없는 웃음과 더불어 평소 덤벙대며 오탈자를 양산하는 자신이 미워졌다.

거의 몇 시간에 걸쳐 교재를 꼼꼼하게 수정하고 다듬었다. 작은 결함은 화이트(수정액)로 수십 권을 똑같이 교정했고, 부분 수정이 불가능한 곳은 다시 프린트해서 교체했다. 과정 전체에 대한 강의와 진행을 맡아 직접 교재를 만들었기에 다행이었지 만일 의뢰한 곳 담당자에게 교재파일을 주고 인쇄를 맡겼더라면 비웃음거리가 될 뻔했다.

몇 번을 다시 읽어보면서 내용상 거의 오탈자가 없도록 수정했다. 오류한 강사는 이제 좀 안심이 되었다. 총 25권의 교재를 싣고 강의장으로 향했다. 교재를 나누어주는 등 강의 준비를 마치고 시작하려는데 그만 엄청나게 큰 오탈자가, 그것도 표지에 떡하니 버티고 있음을 발견했다. 이미 교재를 받은 교육생 중에는 그 오탈자를 보고 키득대기도 하였다. '중간관리자 승진자 과정 교재'라고 되어 있어야 할 표지에는 큼지막하게 이렇게 인쇄되어 있었다.

'중관관리자 승진자 과정 교제'

결점이 치명적일 때가 있다

결점은 불량품이 나온 것이나 다름없다. 옥에 티처럼 작은 결점도 신뢰감에는 큰 균열이 생기게 한다. 컴퓨터 모니터에 깨알같이 작은 불량화소가 있어도 제품가치는 떨어진다. 이왕이면 내용상의 무결점에 도전해보는 것이 어떨까? 사소한 오탈자나 일부 결함 있는 콘텐츠는 강의 진행에 크게 문제가 되지 않기 때문에 간단히 양해를 구하면 되고, 또 그런 작은 것에 태클을 거는 청중은 없다. 하지만 사소해 보여도 매우 치명적인 오류가 있다.

어떤 강사는 '동성기업'인데 '동상기업'이라는 식으로 회사의 이름을 잘못 기재해서 실례를 범했고, 또 회사의 로고가 변했는데 그걸 모르고 인터넷에서 옛날 로고를 가져와서 담당자에게 핀잔을 들은 강사도 있다. 자신이 지금 하는 강의가 총 과정에서 몇 일차, 어느 위치에 해당하는지도 몰라 교육생들이 앞시간에 뭘 했는지, 뒷시간에 뭘 하는지도 모른다면 치명적인 오탈자에 버금가는 오류다. 이렇듯 오탈자 등을 포함해 강의 기획에서 예상할 수 있는 모든 오류는 망설이지 말고 사전에 꼼꼼하게 검토해 바로잡아야 한다.

이외에도 신경써야 할 디테일한 교안 다듬기 요소가 있다.

첫째, 글자의 크기(배율)에도 주의를 기울여야 한다.

보통 배율은 특별히 정해지지 않았지만, 강의 교안을 작성할 때 깨알같이 작은 글씨는 피해야 한다. 멀리서도 눈에 띌 정도의 글자크기라면 보통 20, 30배 정도가 무난하다. 글씨를 작게 해 많은 내용을 슬라이드에 구겨넣는 사람은 가장 미련한 사람이다.

둘째, 글머리에도 작은 관심을 가져야 한다.

숫자나 기호 글머리는 이미지 문서 파일인 파워포인트에는 어울리지 않는다. 게다가 한글이나 워드에 등장하는 글머리 사용은 파워포인트 프로그램이 비주얼 속성을 지녔다는 것을 망각하는 행동이다. 객체 이미지의 글머리를 사용하면 효과적이다.

셋째, 프로그램 버전도 확인해야 한다.

낮은 버전에서 작업한 것을 높은 버전에서 읽는 것은 문제가 되지 않지만, 높은 버전에서 작성한 것을 USB(휴대용 메모리)로 옮겨 낮은 버전의 노트북에서 열었을 때 화면의 글자가 깨지거나 읽히지 않아 파워포인트를 원활하게 사용하기 힘들게 할 수 있다. 이런 경우를 대비해 자신의 노트북을 쓰지 않는다면 강의장의 컴퓨터와 프로그램을 확인하는 기지를 발휘해야 한다.

만일의 경우를 대비하여 백업자료는 항상 소지품처럼 갖고 다녀야 한다. 파워포인트가 아닌 이미지 파일(pdf)로 문서를 저장해가는 강사도 있다. 이른바 편집이 아니라 '읽기전용' 용도라면 권장하지만 그렇지 않으면 원파일에 대한 복사파일을 갖고 있는 편이 낫다. 요즈음은 스마트 기술이 발달해서 온라인상에서 구동 프로그램을 다운받거나 클라우딩을 통해 자료를 온라인상에 간편하게 백업해놓으면 보험과도 같은 안전장치가 되어 조금은 든든하다.

영화나 드라마는 촬영하다가 흔히 'NG(No good)'가 나면 몇 번이

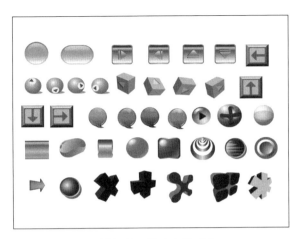

파워포인트 글머리 이미지

고 그 장면을 다시 찍으면 된다. 그러나 강의는 잘못했다고 반복해서 또 할 수 없다. 그 부분이 오류가 났다고 되돌려 다시 강의할 수 있는 가? 설령 그 오류가 강사 자신이 아닌 프로그램이나 장비에 있었다 해도 명강사로서의 결격사유는 강사 자신이 갖게 된다.

확실히 관심을 갖지 않고 대충대충 하면 강의는 여지없이 말썽을 일으킨다. 방법은 하나뿐이다. 기획 단계에서 사소한 오탈자, 오류라 도 생겨나지 않도록 몇 번이고 검토하는 것이다.

슬라이드 교안 오류 다듬기

덤벙대는 강사도 있지만 꼼꼼한 강사도 있다. 후자의 강사라면 오탈자나 오류 같은 위험요소는 최소화할 수 있다. 자신이 실수를 많이 하고 털털한 편이라면 조금 더 신중해지려고 노력해야 한다. 무슨 반도체를 초정밀 가공하는 것처럼 극세심하지 않더라도 현저히 품격이 떨어져 보이게 하는 흠은 찾아내야 한다.

교안의 텍스트에는 정확히 표준어를 써야 한다. 한글맞춤법 통일안을 확인해야 한다. 잘못하면 강사도 무지를 드러낼 수 있다. 고사성어를 쓸 때도 반드시 제대로 알고 써야 한다. 한자를 사용한다고 '百問이 不如一見'을 표기하는데 '百門이 不如一見'이라고 썼다고 하자. 한 글자 차이지만 크다. 백 번 묻는 게 아니라 백 번 여는 것이 한 번 보는 것보다 낫다는 것인가?

강사들이 또 하나 주의해야 할 점은 파워포인트 교안을 활용하지 않고 화이트보드 같은 곳에 판서를 할 때 자신만의 흘림체로 빨리 쓰지 않아야 한다는 것이다. 그렇다고 폼 나는 것도 아니고, 정서를 한다고 시간이 엄청나게 많이 걸리지도 않는다. 괜히 잘난 척하는 것처럼 보이니 자제하도록 하자. 이는 강의와 관련해 늘 염두에 두어야 할 착안사항이다.

폼생폼사 장비와
주변기기 활용

    지방 출장 강의가 있는 날이면 양준비 강사는 강의에 필요한 노트북과 각종 장비를 비롯한 준비물을 몇 번이고 확인하면서 꼼꼼하게 챙긴다. 전용가방에 정해진 장비의 주머니까지 마련해서 하나라도 빠뜨리지 않으려고 노력한다. 왜냐하면 예전에 강의할 때 준비를 제대로 못해 곤욕스러웠던 적이 여러 번 있었기 때문이다.

    한번은 지방에서 하루 종일 강의를 하는데, 노트북 충전 케이블을 가져가지 않아 배터리가 방전되어 난감했던 적도 있었다. 또 한번은 USB자료만 갖고 갔다가 여러 가지 프로그램들이 연결 또는 호환이 되지 않아 순간 당황하고 낭패를 본 적도 있다.

마이크와 스피커, 프로젝터의 성능이 좋지 않아 교육 효과가 반감되기도 하여 양준비 강사는 항상 사전에 확인해 이러한 기기들을 자동차 트렁크에 싣고 강의 출장을 가기도 한다. 그러나 이렇게 철저하게 준비했는데도 예상하지 못한 상황에서 사소한 장비들이 문제를 일으킬 때가 있다. 자주 쓰는 포인터의 건전지가 닳거나(건전지 규격이 다르거나 작아 강의장에서 구하기 힘들기도 함), 바빠서 파일 정리를 제때 하지 못하다 보니 저장디스크 메모리 용량이 초과해서 프로그램 구동에 애를 먹는 경우가 있다.

양 강사는 강의 장비와 도구 준비에는 그야말로 '끝나도 끝난 게 아니다'라는 생각이 들었다. 그래서 강의 전에 챙겨야 할 준비물 체크리스트를 만들어 관리하기로 마음먹었다.

준비물 챙기는 것도 기획이다

강의 떠날 때 일일이 강의 준비물을 챙겨주는 사람이 있는가? 출장 갈 때 옷가지며 세면도구 같은 준비물은 다른 사람이 챙겨줄 수 있지만 강의 준비물은 배우자도 못 챙긴다. 그럼 담당자가 확인하고 챙겨줄까? 오로지 나만 알 수 있기에 자신이 직접 챙길 수밖에 없다. 강의에 필요한 것을 빠뜨렸다면 곤경에 빠질 수 있고, 강의에 치명적인 영향을 미치며 그 후폭풍은 강사가 고스란히 받아들여야 한다.

명강사 강의기획

따라서 강사는 강의 시작 몇 분 전까지 필요한 것들을 꼼꼼히 점검하고 확인해야 한다. 군인이 훈련에 임하기 전에 전투 준비태세를 갖추고 군장검사를 하는 것처럼 강의 준비태세를 충실히 갖추어야 하는 것이다. 기본적으로 강의에 필요한 장비들은 가급적이면 늘 소지하고 다니는 것이 철칙이다. 몸을 가볍게 한다고 강의파일이 담긴 저장장치 하나만 달랑 들고 갔다가 뒤늦게 챙기지 못한 것을 발견하고는 후회할 수 있다. 강사용 가방에는 3분 이내에 즉시 강의를 진행할 수 있도록 구급함에 있는 상비약처럼 장비와 도구가 들어 있어야 한다.

그 목록을 한번 적어보자.

① 백업용 강의자료 USB: 노트북에 문제가 생겼거나 강의장에 있는 PC로만 사용해야 할 때 연결해서 파일을 띄운다.

② 휴대용 스피커: 강의장 음향시설에 문제가 있을 때 사용한다. 노트북 음성출력장치로서 출력이 좋은 것을 준비한다. 값이 조금 비싸더라도 성능이 좋고 이동이 자유로운 블루투스 스피커를 권장한다.

③ 다기능 포인터: 슬라이드 화면을 넘기고 레이저를 비추는 도구로 제작사마다 버튼이 다르기 때문에 자신이 익숙하게 사용하는 것을 상비해야 한다.

④ 화이트보드용 마카펜: 최소한 검정색 한두 개라도 비상용으로 준비한다. 잘 써지는 것인지 꼭 미리 확인해봐야 한다.

⑤ 노트북 연결젠더: 노트북에 연결하는 HDMI 같은 연결젠더가 있으

면 기종이 다르더라도 무난하게 연결할 수 있다.

⑤ 기타: 보조 배터리, 강의 출력물, 인터넷 연결장치(무선 와이파이 공유기 등) 등은 강의장 환경의 변동상황에 따라 대체품으로 활용할 수 있다.

주렁주렁 보따리장사 같지만 이런 것들이 가방 안에 있으면 든든한 에어백을 장착한 자동차를 타고 다니는 것과 같다.

발생 가능한 모든 상황에 대비하라

간혹 강의장에는 유선 핸드마이크만 놓여 있어 생동감 있게 강의를 하는 데 제약을 받을 수 있다(자유롭게 이동하면서 판서하고, 청중과 함께 실습하고, 제스처를 취할 때 등은 불편하다). 이럴 때 무선 마이크 또는 핀마이크와 헤드셋 형태의 마이크를 준비해 사용하면 꽤 도움이 된다.

요즈음은 기술이 발달해 강의장에 있는 앰프와 연결한 뒤 주파수를 무선신호로 변환해 무선마이크에서 음성이 나오도록 유도하는 장비도 있다. 강사가 핀마이크나 헤드셋 마이크를 끼고 강의하면 더욱 역동적으로 보이고 솔직히 폼도 난다. 젊은 감각의 청중에게 더 좋은 이미지를 연출할 수 있다.

프로젝터와 음향장치 및 스피커가 강의장에 있다고 안심해선 안 된다. 프로젝터가 오래되어 희미한 화질을 뿜어낼 수 있고, 노트북 음향선이 닿지 않아 성능 좋은 강의장 내 스피커를 사용하지 못해 궁여지책으로 노트북 내장스피커에 마이크를 대야 한다면, 드라마를 촬영할 때 소품 준비가 안 된 것과 마찬가지다.

프로젝터, 무선 마이크, 스피커 같은 최상의 강의 기자재를 자동차에 직접 싣고 다니는 강사가 있다(필자가 그렇다). 기동성이 조금 문제가 되겠지만 그래도 장비 때문에 속 썩이는 일은 없으니 속 편할 때가 많다.

파워포인트 슬라이드 교안을 보여주면서 간간히 화이트보드에 판서를 하는 강사들이 있다. 적절하게만 활용하면 교육 효과는 만점이다. 사실 파워포인트 화면은 실시간으로 작성하거나 바로 수정하지 못한다는 단점이 있다. 단번에 또는 체계적으로 보여주는 행위를 하다보니 기계적인 느낌이 들기도 한다.

화이트보드 활용은 이런 점에서 순차적으로 기록하면서 타이밍을 조절해 주요한 포인트를 확인시키고, 집중시킬 때 요긴하게 활용하는 수단이다. 하지만 파워포인트 슬라이드와 화이트보드를 함께 사용할 때는 기획 단계에서 미리 점검해 조치해야 할 사항들이 있다.

첫째, 이들은 별도의 교육매체로서 존재해야 한다.

화면을 보여주고 판서도 할 수 있다는 말을 믿고 강의장에 갔더니 보여주는 스크린이 화이트보드 중앙에 놓여 있는 경우가 있다. 즉 판서하려면 스위치를 눌러 스크린을 올려야 한다. 얼마나 번거로운 일이며, 매끄러운 강의의 흐름을 끊어지게 만드는 행동인가?

둘째, 스크린과 화이트보드는 같은 방향에 있어야 한다.

가장 좋은 것은 중앙에 스크린이 위치하고 노트북은 좌측이나 우측에 화이트보드 같은 판서도구와 같은 방향에 있게 한다. 만일 판서를 하기 위해 화면을 가로질러 가야 하고, 노트북을 조작(가끔 포인터로 안 될 때가 있다)하고 강의를 하기 위해 반대쪽의 스크린과 화이트보드를 향해 걸어가야 한다면 동선에 문제가 생긴다. 강의를 하기 위한 워킹스테이션은 한쪽 방향을 기준으로 모든 것을 컨트롤할 수 있게 설정해 불필요한 강의 동선을 줄여야 한다.

셋째, 화이트보드의 상태가 양호한가를 확인한다.

이동형 화이트보드의 경우 판서를 하다 보면 판이 기울어지거나 접힐 때가 있어 놀라기도 한다. 너무 오래되어 말이 화이트보드이지 회색보드나 마찬가지이고, 중간중간 함몰된 곳이 눈에 띄면 짜증이 날 때도 있다. 화이트보드에 있는 마카펜이 잘 나오는지를 확인하고 잘 써지지 않으면 강의장 담당자에게 교체를 부탁해야 한다. 마카펜이 닳아 힘을 주어 써도 불편한 필기감을 준다면 별것 아닌 것에 스트레스도 생긴다. 그런 경우의 수를 따지기 싫다면 속편하게 마카펜을 갖고 다니자. 하도 많이 혹사시켜 지우개 밑창이 까맣게 되어 지울 때 보드에 재뿌리는 흔적을 남기는 것이 있으니 마카펜의 형제인 지우개도 점검해야 한다.

화이트보드, 컴퓨터, 프로젝터, 스크린 등 눈에 보이는 주요 장비

이외에도 작지만 확인해야 할 것들이 있다. 커넥터(VGA 또는 HDMA 방식연결)가 노트북에 맞지 않아 당황하고, 저장장치(USB, SD카드 등) 슬롯이 해당 컴퓨터에 없거나 다른 것들로 꽉 차서 강사까지 여유 없게 만들 때가 있다. 연결젠더를 준비하고, 전용 리더기나 USB허브까지 갖추는 것은 불시에 닥칠지 모르는 모든 상황에 대비하는 '유비무환(有備無患)'의 정신을 실천하는 것이다.

이렇게 강사 자신이 철저하게 장비와 도구를 세팅했다 하더라도 학습자의 장비와 도구가 부실해 강의에 애를 먹을 때도 있다.

앞서 말했지만 강사의 사정을 잘 알아서 척척 준비해주는 담당자들은 거의 없다. 그들이 만약 "강사님 교육에 필요한 준비물 없으신가요?" 한다면 이때를 놓치지 말고 시시콜콜한 것까지 준비 여부를 확인하고 조치를 약속 받아야 한다. 강의 기획 단계에서 폼 나는 장비나 도구 등 어느 정도의 강의 준비물은 강의 전날 빠짐없이 챙겨넣었는지 다시 한 번 확인하도록 해야 한다. 장비 일체를 강사가 직접 챙겨 가는 것은 발생할 수 있는 상황에 대한 심리적 불안감을 해소하고, 나에게 맞는 익숙한 장비를 사용해 능수능란한 강의를 가능하게 한다는 점에서 매우 매력적일 수 있으니 검토해보도록 하자.

장비와 도구에 관한 강의 준비물은 최소 3일 전부터 하나하나 기록하며 준비하는 것이 좋다. 강의 시작 20, 30분 전에는 도착해 강의를 세팅하면서 강의 준비물 기획을 다시 한 번 리뷰(Review)하는 것은 지나친 신중함이 아니라 안전사고 예방과도 같은 기본적 행위다.

+ Plus Tips

강의 3일 전 준비 체크리스트

구분	확인사항	점검기록
D-3(3일 전)	• 참가자(청중) 사항 확인(대상자 목록, 신상 등) • 장소 확인(위치 또는 주소) • 강의 시각자료(교안) 작성 상태 확인 • 매체 및 실습도구 준비 • 강의에 대한 전반적인 기록을 한 조감도 준비	
D-2(2일 전)	• 조감도, 강의 교안 수정 보완 • 강의 변수, 특이사항 확인 • 우발상황 대비책 강구	

D-1(1일 전)	• 노트북, 서류가방 점검
	  (전원선, 마우스 등 관련기기 일체)
	• 최종 교안 세팅 점검
	• 발표용 자료 백업 확인(USB 등)
	• 이동 경로에 따른 티켓 등 확인
	• 준비물, 장비, 보조도구 확인
	  (휴대용 스피커, 다기능 포인터, 필기구 등)
	• 핵심 위주의 예행연습
	• 상대측 연락사항 확인(담당자 메일 또는 문자)
	• 장비 및 환경 점검
	  (영상 및 음향장비, 인터넷 환경, 냉난방 시설 등)
	• 복장 착용에 대한 사항 점검	

당일 시작 전	• 성공 강의 기대와 마인드 컨트롤 • 전체 진행사항 상기 • 핵심사항 리뷰 • 자료 및 장비 상태 최종확인 • 최소 20분 전 도착 • 필요 시 담당자 및 청중과 자연스러운 대화	

강의 촉진을 위한
스팟 기획

    사실 노곤대 원장은 스팟(spot) 개념도 잘 몰랐다. 그는 원안강의, 정석강의의 진수를 잘 보여준다. 경제와 재테크 분야를 강의하는 노 원장은 스팟이 필요 없을 정도로 내용 전달을 위주로 한 강의를 한다. 그의 강의를 듣는 청중도 성실하게 경제상식과 재테크 노하우를 알려주는 노 원장의 강의를 대부분 진지하게 경청한다. 강의의 콘셉트는 재미보다는 유익함이다.

    시간이 흐르면서 경제분야 전문강사들이 많이 생겨났다. 특히 노곤대 원장보다 젊은 강사들이 강의계에 두각을 나타내기 시작했다. 상대적으로 노 원장의 강의 의뢰 빈도는 줄어들었다. 그 원인은 젊은 강사들이 스팟 기법을 동원해 강의를 흥미있게 이끄는 반면 노 원장은 여전히 진지모드의 강의 스타일만 고수하기 때문이다.

노 원장은 자신의 강의도 뭔가 새로운 변화가 필요하다는 것을 직감했다. 스팟 강의 기법에 대한 책도 읽고 강좌도 들었다. 그러나 이를 자신의 강의에 어떻게 적용해야 하는지 감이 안 잡힌다. 박수 치고 유머를 활용하기도 해보았지만 자연스럽지 못했다. 진지하게 강의하다 분위기를 흥미있게 반전시키려고 하니 자신은 물론 청중도 어색했다. 즉흥적인 애드립처럼 하는 스팟은 더 어렵고 체질에도 맞지 않았다. 노 원장은 스팟도 철저하게 기획해야 한다는 사실을 절감하고 더욱 고민이 깊어졌다.

스팟도 계획성 있게 하자

강의 스팟이란 강의 중 비교적 짧은 시간 안에 강의 효과를 제고하거나 강의 진행을 원만하게 촉진하고, 청중의 집중력을 유도하게 하기 위한 제반 행동이다. 이러한 스팟 활동에는 교육게임, 퀴즈, 이미지 또는 동영상 디스플레이, 유머 활용, 쇼맨십 연출 등 다양한 방법이 있다.

생기발랄하고 개방적인 강사, 상황 대응이 유연한 강사라면 스팟을 강의 중에 매우 적절하게 활용해 분위기를 이끈다. 하지만 스팟 강의기법은 원칙과 진지함으로(심지어 비장하기까지 한) 무장한 강사들에게는 여간 어려운 기술이 아니다. 감성파 드라마 배우에게 개그 프로그램에 출연해서 청중을 한번 웃겨보라고 하는 것과 같다.

안 하자니 강의 일변도의 접근에 지적을 당하고, 하자니 흥미와 유연성이 떨어진다는 아쉬운 강의 피드백을 감수해야 한다. 그러다 보니 스팟은 일종의 '필요악'처럼 느껴질 때가 있다. 그렇다면 이렇게 스팟을 해보도록 하자. 현장에서 즉흥적으로 하는 스팟은 일단 배제하고, 기획을 통해 할 수 있는 스팟만을 해보는 것이다. 그래서 반응이 좋으면 잘 발전시키면 된다.

예를 들면 가볍게 박수를 치고 스트레칭이나 체조를 하는 것은 현장에서 바로 할 수 있는 스팟이라 기획하지 않아도 된다. 하지만 이른바 '준비된 스팟'이라면 이야기가 다르다. 아침에 곧바로 강의를 하기 전에 몸풀기 체조를 스팟으로 하기 위해 미리 동영상 체조(국민체조나 신세대 체조 등)를 준비해 화면에 띄워 같이 따라하게 할 수도 있다. 쉬는 시간에 해당 교육생 연령층이 좋아할 만한 뮤직비디오를 틀어줌으로써 분위기를 편안하게 만들어줄 수도 있다. 사전에 계획해 재생하는 스팟이 익숙해지면 이렇다 할 스팟 개인기가 없는 강사들에게도 매뉴얼처럼 활용 가능하다.

또한 단순한 흥미 부여의 스팟 활용도 좋지만 강의와 관련된 스팟이라면 훨씬 효과적이다. 강의 내용에 걸맞은 스팟자료를 스쳐 지나가는 슬라이드 스킵자료처럼 만들어 제시해보면 학습자들의 반응이 확실히 달라졌다는 점을 느낄 수 있다. 여기에 짧게나마 학습자들의 참여까지 이루어지면 그야말로 금상첨화(錦上添花)다.

예를 들면 단순하게 질문하는 것보다 좀 더 참여를 이끌고 흥미를 유발할 수 있는 방법을 찾는다. 한때 텔레비전 프로그램 형태로 답을 숨겨놓고 청중이 알아맞추게 한 다음 허를 찌르는 반전의 답을 공개하면 학습 효과도 있고 흥미도 있다. 꿩 먹고 알 먹는 스팟이다.

앞의 경제 관련 특강을 할 때 '1970년대 초 우리나라는 (   )도 수출했다'는 것을 아래와 같이 퀴즈로 만들어 제시하고 청중이 답을 찾게 한 다음, 뜻하지 않은 답을 밝혀(파워포인트 애니메이션으로 나타나게 한다) 분위기를 반전시키면 간단한 슬라이드 한 장을 활용한 스팟 임무 수행은 가히 성공적일 수 있다.

 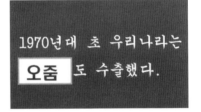

이러한 '준비된 스팟'을 기획해 활용할 때는 5가지 준수사항이 있다.

① 지나치게 시간을 많이 할애하지 않도록 한다.
② 준비하는 데 많은 소요가 발생하면 안 된다.

③ 너무 어려운 것은 피한다.

④ 내용이 식상한 것을 배제해야 한다.

⑤ 교육과 관련한 피드백을 줄 수 있으면 좋다.

말 그대로 스팟은 스팟이다. 스팟은 본 강의의 촉진수단일 뿐 본 강의의 입지까지 넘봐서는 안 된다.

상황에 맞게, 말 그대로 스팟 기획!

파워포인트 슬라이드 스팟을 만들어보자. 다음과 같은 강의 내용이 있다. 여기에 필요한 스팟자료는 어떤 것이 좋을까?

"보이는 것이 중요한 것이 아니다. 외적인 역량도 중요하지만 내적 역량을 갖추어야 한다."

이런 교육적인 이야기를 강의할 때 사뭇 진지한 표정으로 전달하면 강사도 청중도 긴장하게 마련이다. 당연한 이야기이므로 강의 임팩트도 크지 않다. 유명하고 재치있는 그림 하나를 소개하면 위에 있는 이야기를 충분히 대변할 수 있다. 상호 캐릭터를 비교하여 설명을 덧붙이면 재미도 줄 수 있다.

출처: VIA9GAG.COM

창의력을 강의하는 강사라면 창의력과 관련된 스팟은 무궁무진하게 찾을 수 있다. 창의력 퀴즈를 제시하면 된다. 이 경우 화면에 보여주는 것을 넘어서서 도구를 함께 준비하면 학습자의 참여를 유도하는 입체적인 강의 효과를 줄 수 있다.

예제를 보자. 다음 6장의 카드 중 단 한 장의 카드만 옮겨서 등식이 성립하게 해보는 문제인데 숫자가 적힌 카드를 준비해 직접 퀴즈를 풀게 하면 좋다. 고정관념을 깨뜨리는 유연한 사고를 해야 풀 수 있다는 본연의 강의과목의 피드백도 빼놓지 않는다. 처음 접하면 알아맞히기 어려운 문제. 정답을 애니메이션으로 제시하면 교육생들은 모두 '아하!'를 연발한다. 스팟 창의력 퀴즈를 통해 제대로 창의력 훈련까지 하게 된다.

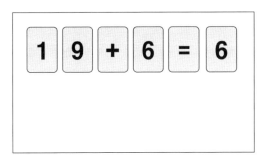

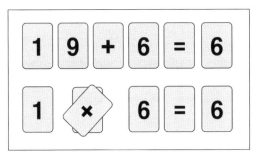

일반적으로 스팟 기획을 할 때는 시간과 상황을 고려해야 한다. 강의 시작 전 오프닝 스팟은 다양한 형태로 가볍게 준비하는 게 좋다. 강의 중 스팟은 관련 퀴즈나 이미지, 영상 등으로 3분 이내 할 수 있는 것을 마련하도록 한다. 쉬는 시간에 틀어주는 스팟은 가벼운 음악 정도가 좋을 듯하다. 이때 학습자에게는 들어도 좋고 안 들어도 좋고 봐도 좋고 안 봐도 좋다고 전해준다. 이렇게 교육 요구사항이 전혀 없어야 한다. 쉬는 시간이지 않은가? 몰입도가 너무 좋은 스팟으로 학습자들을 쉬지도 못하게 해서 되겠는가?

그러나 쉬는 시간보다는 다음 강의를 시작할 때 분위기 전환 차원에서 가벼운 스팟을 적절하게 준비해야 한다. 박수치기 스팟을 하더라도 일반적인 박수보다는 게임식 박수, 동영상 박수 따라하기(북한식 박수 등), 응용박수를 계획하면 기존 박수치기의 식상함에서 벗어나게 할 수 있다. 강의 마지막 부분은 스팟보다는 클로징 메시지로 기획한다.

+ Plus Tips

강의 기획 각 단계별 착안사항

구분	스팟 종류와 활용	비고
교육게임	• 교육(학습)과 관련있는 간단 실습 • 박수치기, 그려보기, 따라하기 등 다양한 응용 • 스마트폰을 활용한 어플이나 SNS활용 스팟이 증가하는 추세	강의 중, 다음 강의 시작 전
퀴즈	• 관련 지식, 일반 상식, 넌센스 퀴즈 준비 • 낱말 또는 퍼즐 맞추기 응용	오프닝, 강의 중
이미지 또는 자료 디스플레이	• 관련된 흥미있는 이미지 삽입 • 관심을 가질 만한 통계, 조사결과 보여주기	강의 중, 다음 강의 시작 전
동영상 디스플레이	• 뮤직비디오, MP3 재생 • 쇼프로, 개그 프로그램 일부 장면 재생	휴식시간
유머 활용	• 준비된 유머 활용 • 애드립 유머 활용	그때그때 필요 시
쇼맨십 연출	• 개인기 보여주기 • 깜짝반전 쇼(복장, 문구, 화면 등의 전환)	강의 중, 필요 시
기타	• 체조 • 스트레칭 　* 짝짓기 행동, 영상 따라하기 등 응용 • 문구낭송, 노래 부르기 (합창) 등	강의 시작 전

빛나는
클로징 기획

　강의가 끝날 시간이 다가온다. 강의는 처음부터 지금까지 순조롭게 진행되었고 마지막 정리만 잘하면 성공적인 강의로 기억될 듯했다. 안종결 소장의 열강은 종반으로 가도 식을 줄 몰랐다. 그의 강의를 듣는 청중은 마지막까지도 최선을 다 하는 안 소장의 모습에 호의적이었다. 이제 강의가 클라이맥스를 넘어 종착지로 향할 무렵 청중은 그의 멋진 피날레 클로징멘트를 기대하였다. 그런데 정작 강의의 끝은 허탈하기 짝이 없었다. 한참을 열강하던 안종결 소장은 단한마디로 강의의 끝을 알렸다.

　"이상으로 강의를 마치겠습니다. 감사합니다."

몇몇 청중은 갑자기 끝나버리는 강의에 어안이 벙벙했고, 안 소장도 다소 머쓱하고 아쉬운 표정으로 강단을 내려와야 했다.

짧지만 의미 있는 클로징을 하자

클로징은 끝마무리다. 본 내용의 결론 부분이 아닌 강의를 모두 끝내고 마지막 인사를 하는 부분이다. 그런데 이때 정말 간단한 인사만 하고 끝낸다면 전체 강의의 열정이 무색할 정도로 허무할 수 있다.

강의의 클로징은 비행기의 착륙과도 같다. 자연스럽게 연착륙해야 한다. 유난히 덜컹거리며 착륙하거나 갑작스런 급브레이크로 멈추면 청중은 당황한다. 클로징은 용의 그림을 그리는 '화룡점정(畵龍點睛)'에 비유할 수 있다. 마지막 점 하나처럼 짧지만 강의의 완성도를 높이는 역할을 한다. 따라서 클로징도 즉흥적으로 하지 말고 기획하고 준비해서 해야 한다. 일단 강의의 클로징은 조건이 있다.

① 단순하고 의미 있어야 한다.
② 강의 주제와 관련된 메시지를 던져야 한다.
③ 여운을 주거나 기억에 남아야 한다.

"경청해주셔서 감사합니다. 이상 강의를 마치겠습니다"는 위 3가지 중 한 가지도 충족시키지 못한다. 명작 영화를 생각해보라. 모든 것이 끝나고 엔딩 자막이 한참 올라갈 때 사람들은 자리에서 한동안 일어설 줄 모른다. 강의도 듣고 나서 "괜찮네", "좋았어"라는 말만 들어도 성공인데, 여기에 클로징멘트가 일정 부분 기여한다.

클로징멘트를 미리 준비해서 멋지게 대중 앞에서 이야기하는 것은 결코 쉽지 않다. 숙지한 바를 자연스럽고 익숙하게 전달해야 하고 여기에 강하면서 긍정적인 메시지까지 담아내야 하기 때문이다. 그래서 클로징을 기획했다면 몇 번이고 반복해 연습해보는 것도 필요하다.

파워포인트 슬라이드를 사용한다면 별도의 클로징 슬라이드를 한 장 준비하도록 하자. 아무래도 '듣는 클로징'보다는 '보면서 듣는 클로징'이 더 나을 것이며 간단한 메시지를 넣어 정리의 멘트를 날린다면 아무것도 없는 상태에서 마지막 연극을 해야 하는 것보다는 부담이 덜할 수 있다. 클로징 슬라이드에서도 역시 '감사합니다' 하는 내

바람직하지 못한 클로징 슬라이드의 예

용밖에 찾을 수 없다면 감히 클로징을 기획했다는 말을 꺼내지도 말자. 복잡한 시를 써놓고 이를 읊거나, 거기서 또다시 스토리텔링을 진행하는 것도 기획의 실패다.

파워포인트 자료와 적절한 멘트의 협업으로 클로징하는 것이 성공을 부르는 강의 비법이다. 강의와는 다소 성격이 다를지라도 완벽한 프레젠테이션으로 유명했던 고 스티브 잡스는 멋진 클로징멘트로 발표현장에서 청중을 사로잡았다. 화면에 제품사진을 크게 띄어놓고 이렇게 이야기했다고 한다.

"오늘 참여해주신 여러분께 감사드립니다. 저희가 이 제품을 사랑하는 만큼 여러분도 사랑해주시기 바랍니다."

간단하지만 매우 의미있는 클로징이 아닌가 싶다. 클로징은 강력하면서도 간결한 뭔가를 던져야 한다. 파워포인트 슬라이드 자료의 힘을 빌려 효과와 여운을 동시에 추구하는 멋진 피날레를 장식해보자. 배경음악을 삽입한 멋진 이미지에 클로징멘트를 가미해 강의에 마침표를 찍는 것도 호평을 받을 만한 자격이 있다.

주제에 맞는 클로징을 기획해보자

클로징으로서는 좋은데 강의와 관련 없는 좋은 말로 장식했다면 의미가 있을까? 직무 분야든 서비스 강의든 리더십 특강이든 마지막 클로징에 매번 '카르페 디엠(현재를 즐겨라)', '하쿠나 마타타(다 잘될 거야)' 같은 긍정의 메시지만 준다면 클로징에서 차별성이 떨어진다. 강의와 연결해야 한다. 강사로서 강의 주제가 여러 개라면 클로징도 거기에 맞추어 여러 개를 준비해야 한다.

자, 클로징 기획을 해보자. 강의 제목이 '소통 커뮤니케이션'이다. 강의 마지막에 어떤 클로징이 좋을까? 소통과 관련한 간단 사례, 동영상, 이미지, 인용어구 모두 좋은 재료들이다. 가급적 신선한 재료를 쓰고 기억에 남도록 해야 한다. 단순하지만 창의적인 것을 만들어

보자. 고사성어식으로 '3통(通)'을 메시지화했다. 의사소통, 만사형통, 운수대통이다.

"여러분 원만한 커뮤니케이션과 더불어 앞으로 모두 3통 하시기를 바랍니다. 의사소통! 만사형통! 운수대통! 3통, 바로 통통통입니다. 감사합니다."

이때 파워포인트에서 3통을 키워드로 띄워놓고 각각의 통은 순차적으로 이야기하는 타이밍에 맞춰 나타나게 하면 더욱 효과적이다. 새롭게 뭘 만들어야 할지 고민이 된다면 강의에 어울릴 만한 멋진 사례나 인용구를 클로징으로 생각해보자.

강의 시 다양한 클로징 기획

구분	클로징 방법	비고
멋진 표현 인용	• 유명인사의 명언 • 관련된 시 낭송 • 사자성어 활용	디지털, 스마트 방식과 병행 응용
이미지 디스플레이	• 내용과 관련한 의미있는 이미지 자료 • 메시지를 담은 슬라이드 디스플레이	
동영상 디스플레이	• 짧은 시간 감동과 여운을 줄 수 있는 자료 선정 • 의미있는 음악 또는 영상편지 활용	
스토리텔링	• 강의 주제를 함축하고 임팩트가 있는 간단 사례나 에피소드 소개 • 결론 메시지와 함께 부여	
구호 또는 캐치프레이즈	• 팀빌딩, 단합행사, 동기부여 강의에 응용 • 인상적인 캐치프레이즈 소개	
메시지, 행동	• 의미있고 여운을 남기는 맺음말 • 감사, 격려 당부의 이야기 • 강사의 쇼맨십 등의 행동	아날로그 방식

명강사 강의 기획

초판 1쇄 발행 2016년 7월 25일
초판 3쇄 발행 2022년 5월 27일

지은이 도영태 | **펴낸이** 신경렬 | **펴낸곳** (주)더난콘텐츠그룹

기획편집부 최혜빈 최장욱
디자인 박현경 | **마케팅** 박수진
관리 김정숙 김태희 | **제작** 유수경

출판등록 2011년 6월 2일 제2011-000158호
주소 04043 서울특별시 마포구 양화로 12길 16, 더난빌딩 7층
전화 (02)325-2525 | **팩스** (02)325-9007
이메일 book@thenanbiz.com | **홈페이지** http://www.thenanbiz.com
ISBN 978-89-8405-861-3 03320